PROFIL D'UNE ŒUVRE

L'ÉCUME DES JOURS
BORIS VIAN

Pour Michel, pour Nicolas,
et pour Moutchak.

ISSN 0750-2516 ISBN 2-218-01912-4

PROFIL D'UNE ŒUVRE
Collection dirigée par Georges Décote

L'ÉCUME DES JOURS

BORIS VIAN

Analyse critique

par Michel GAUTHIER-DARLEY
Université de Paris III

HATIER

Sommaire

Sur la genèse de *l'Écume des jours* 7

Note de méthode 8

1. Structures romanesques 19

A. Le récit et ses récurrences 19
Texte 1 (XXIV-XXV). Texte 2 (LI). Texte 3 (LXVII-LXVIII).

B. Les personnages et leur univers 51
Un triple refus. 6 = 6 = 3 + 3 = 2 × 3 = 2 + 1 + 3. Partre. Une ville fantôme.

C. Instant et cause 62
Temps du destin, temps des horloges, temps biologique. La force des mots.

D. Le genre : premières approximations 66

2. L'écriture 69

A. La langue 70
Lexique : La littéralité ; Le jeu des paradigmes ; Les séries ; Des néologismes ; Constructions ; Un curieux imparfait.

B. Le discours 83
Homologies. Registres. Passage ou non.

C. L'image 88
Métaphores structurales. Métaphores obsessionnelles : Une vie de la matière ; La contagion de la mort ; La mécanique des fluides. Métaphores ornementales.

D. L'écriture : premières approximations 96

3. Thèmes et affinités 99

A. Le surréalisme 102
Père naturel : Flaubert. Les Saints intercesseurs. Contre le goupillon. Contre le sabre. Contre le mythe du travail. Signe de mort. Peintres de l'hallucination vraie. L'écrire et le peindre.

B. L'existentialisme 120
La matière et la mort. Boris Vian et Jean-Paul Sartre. Thèmes existentiels. L'inconviction.

C. En mai 1968, Boris vivant 132
L'apolitisme révolutionnaire. L'individualisme révolutionnaire.

D. Le genre et l'écriture 138
L'allégorique et le mythique. L'exigence d'unité.

Annexes 144

L'œuvre 144

Sur Vian : éléments de bibliographie 150

Glossaire 152

Index 157

NOTE

On trouvera dans le texte qui suit trois sortes de références :

1. celles qui sont numérotées en chiffres maigres renvoient aux œuvres de Vian, ainsi qu'aux *Vies parallèles de Boris Vian*. Ces livres sont cités en édition de poche : la collection 10/18 pour *L'écume des jours*, *L'automne à Pékin*, les *Cantilènes en gelée* et les *Vies*; le Livre de Poche pour *L'arrache-cœur*, *L'herbe rouge* et *Les fourmis;*

2. celles qui sont signalées par un astérisque renvoient à un glossaire placé à la fin du volume et dans lequel on a regroupé certaines explications tout à fait scolaires;

3. celles qui sont numérotées en chiffres gras sont des références internes.

Sur la genèse de *L'écume des jours*

Premier projet dès 1945 vraisemblablement (Rybalka[1] 210). Pour Arnaud 590, écrit de mars à mai 1946, pour Rybalka 98, achevé en mars. Vian est à cette époque employé par l'Office Central de Répartition des Produits Industriels (O.C.R.P.I.), Section Papier, où il est entré en février, et c'est à son bureau qu'il termine le livre (Arnaud 89).

Arnaud 234 publie une photo de Vian penché sur le manuscrit de l'*Écume*. Rybalka 174 : « Vian écrivait d'un jet et ne modifiait guère... par la suite », et « ... la plupart des textes actuellement accessibles au public ne sont pas établis d'un point de vue critique ». Il y a en effet dans l'édition 10/18 au moins d'évidentes fautes de ponctuation. Rybalka 209 : « Il existe un manuscrit de 222 p. sans aucune rature ». Sartre et Beauvoir en ont un en main au mois de mai.

Sur les indications fausses de date et de lieu et les *Chroniques du menteur*, Rybalka 140. Sur les rapports de Vian avec les Sartre, Noakes 57 n. 3, Rybalka 95-96, Arnaud 254 sqq. et quelques pages de la *Force des Choses*.

Vian envoie à Hirsch, chez Gallimard, le 20 juin 1946, un projet de prière d'insérer. Des fragments du livre (détail dans Rybalka 208-9, qui signale quelques variantes avec l'édition en librairie) sont publiés dans *Les Temps modernes* d'octobre. Édition originale à la NRF; achevé d'imprimer 20 mars 1947, dépôt légal 2e trimestre 1947, mis en vente en avril. Le livre manque le Prix de la Pléiade, Rybalka 99-100, Arnaud 233, ce qui laissera quelque trace dans l'onomastique de l'*Automne à Pékin*.

Réédité en 1963 par J.-J. Pauvert, la même année en 10/18 avec le copyright de Pauvert. Dans cette dernière édition, un montage photo a succédé, en couverture, au collage de J. Prévert.[2]

1. Rybalka a rendu publique dans le no 2 (25 juillet 1976) du « journal immédiat » du colloque Vian à Cerisy, sous le titre *Notes préparatoires à l'Écume des jours*, une Histoire de Zin (zolin) qui a l'allure en effet d'un canevas.

2. Une adaptation cinématographique de l'*Écume des jours* a été réalisée par Charles Belmont. Voir : « Vian, la tendresse et l'humour noir », entretien entre Ch. Belmont et Gérard Langlois, *Les Lettres françaises*, 27 mars 1968, no 1227, p. 22 et, *ibid.*, Anne Villelaur, « Fidèle dans l'infidélité, l'*Écume des jours* de Charles Belmont ». Il a passé de nouveau sur un écran parisien en 1971, mais si fugitivement que je l'ai manqué encore. Michel Fauré signale deux adaptations théâtrales : Paris, Théâtre de Plaisance, oct. 1967 (Louis de Cayeux); Bruxelles, Théâtre de l'Alliance, mars 1968 (André Ernotte).

Note de méthode,

que peut sauter bien entendu le lecteur médiocrement soucieux des arrière-plans d'une démarche critique. Attention cependant : derrière toute grammaire, fût-elle scolaire, il y a une manière de théorie linguistique, derrière toute appréciation portée sur une œuvre une manière de théorie esthétique. La croyance romantique à la saisie brute, immédiate, de l'œuvre et du lecteur l'un par l'autre étant intenable, autant savoir ce qu'on fait.

Ou, soit dit de façon plus juste, autant essayer de le savoir. Cette dizaine de pages à l'orée d'un bien petit livre sont avec quelque immodestie peut-être d'intention polémique : il s'agit d'une mise en garde contre la tentation d'accorder trop d'efficace à nos procédures actuelles d'analyse, notamment à nos formalismes. L'idée, par exemple, qu'une œuvre est « une structure » a quelque chose de comique. Personne ne sait, abstraitement s'entend, ce que c'est qu'une œuvre; c'est nous, en fonction de l'état présent de nos outils intellectuels, qui l'analysons en structures multiples, - de la langue, du discours, du récit, des images ... -, et le moins mal que nous puissions faire est de ne pas perdre de vue, ce faisant, qu'elles appartiennent à une même totalité, que non seulement elles s'y recoupent (c'est encore une vue analytique) mais qu'elles y sont consubstantiellement intriquées, c'est-à-dire plus du tout sans doute ce qu'une part importante des théoriciens contemporains tiennent pour des structures. Qu'on me comprenne bien : je ne rappelle pas ici, encore qu'il soit toujours bon de le faire, ce lieu commun que le phénomène dans son identité n'est pas réductible à la somme des facteurs que nous analysons en lui; je rappelle la leçon, classique depuis Kant, que nos modes de connaissance du phénomène tiennent aux médiations - concepts, procédures... - que nous ne cessons pas d'élaborer, et qu'il y aurait une extrême imprudence à ériger ces médiations en des *représentations* adéquates. On n'a que trop pratiqué une espèce de frazérisme [1] en matière de littérature, on ne s'est que trop pressé d'étendre à des œuvres incompatibles des typologies aussi grossières que celles des figures de rhétorique, ou des catégories du récit selon Propp [2]. Les formalisations sont certes nécessaires : en tant que moyen; ancillaires.

La première hypothèse de travail à laquelle on se soumette ici consiste à poser au contraire que la sorte d'histoire qu'on trouve dans, par exemple, l'*Écume des jours*, et le mode d'existence donné aux personnages, et l'écriture, etc., doivent dériver d'un projet unique, d'une espèce d' « idéologie » immanente, d'idéologie *dans* l'œuvre, qu'il faut tenter de déchiffrer avant de se risquer soi-même à faire *sur* l'œuvre quelque idéologie que ce soit. Une telle hypothèse de travail découle elle-même d'une proposition beaucoup plus générale, et parente de celle de Kant : l'esprit humain est ainsi fait qu'il n'atteint jamais non plus une signification en soi, comme pure substance, mais par la médiation des signes dans lesquels elle s'actualise, je dirais volontiers, et d'autant plus qu'il s'agit d'une œuvre d'art, par lesquels elle se réalise. Un texte littéraire en tant que tel annule la distance entre histoire et discours comme d'une certaine manière il annule la distance, je vais y revenir, de la langue et de la parole.

1. Un comparatisme qui néglige la signification différente que prend une forme apparemment identique dans des ensembles différents. Voir, sur le plan de l'analyse des mythes, mais aisément transposable, la critique de Jean-Pierre Vernant dans sa préface aux *Jardins d'Adonis* de Marcel Detienne, Paris, Gallimard, 1972.

2. Vladimir Propp, *Morphologie du conte*, Paris, Seuil, 1965 et 1970. Ce n'est pas tant Propp lui-même qui est en question que l'extension abusive de sa méthode, du champ originel de celle-ci, le conte merveilleux dans la littérature orale de langue slave, à toute espèce de littérature narrative.

RÉCURRENCES

De toute façon, c'est notre lecture qui confère à l'œuvre son mode plein d'existence : un déroulement temporel, et par suite moins des structures qu'une *structuration*, à coups d'abord de récurrences. Le retour, identique ou altéré, de mots, de situations, de thèmes situés, comme dans une partition, à différentes hauteurs de l'écriture verticale, c'est cela qui construit l'œuvre dans le temps, qui fait qu'elle s'appuie sur elle-même pour continuer d'avancer. Par ces retours, l'œuvre crée son propre système de référence, ses propres corrélations [1]; l'œuvre, entendons-nous : l'auteur, puis le lecteur. C'est la récurrence, procédé fondamental de la création littéraire, que Roman Jakobson a traduite dans les termes de sa doctrine [2] lorsqu'il parle de la projection de l'axe des paradigmes * (du choix, de la métaphore) sur l'axe du syntagme * (de la combinaison, de la métonymie). A charge pour notre mémoire de transformer cette structuration en quelque chose qu'on peut en effet, si l'on y tient, nommer des structures : de retenir, parmi les récurrences, des « figures » stables, de créer, au sein du dynamisme, un relatif statisme.

LE CONTEXTE EST DANS LE TEXTE

Parlant d'une œuvre littéraire, il est toujours question de langage, et en même temps il est toujours question d'autre chose. Les mots sont notre donné, objectivable à volonté. Objectivable, cela va de soi, dans les termes de l'étude linguistique classique : faits d'ordre phonique, d'ordre morphologique et syntactique, d'ordre lexical, d'ordre prosodique. Objectivable encore en termes de registres ou de dialectes fonctionnels : langue familière, langue noble, langue de l'administration ou de la publicité... Objectivable en termes de niveaux de signification? C'est ici que les difficultés ne peuvent plus être « parenthétisées ».

En ce sens déjà, en ce sens surtout, toute œuvre est un palimpseste *. Elle l'est en un second encore. Car chaque écrivain est l'héritier de la totalité des écrivains qu'il a lus,

1. Cf. Vian lui-même, ci-dessous, p. 26. n. 1.
2. Voir ci-dessous, p. 69, n. 1.

ou même dont il n'a qu'entendu parler. De cet héritage, il fait ce qu'il veut - peut, et c'est cela qui compte : les « sources » littéraires sont *dans* l'œuvre; elles y sont comme le sont dans le collage cubiste les bouts de papier journal ou de papier faux-marbre : elles y prennent leur sens. L'une de leurs multiples fonctions est le clin d'œil au lecteur. « A moi, mes fidèles serviteurs !... Car me voici de retour !... », p. 22, suit un exercice de style à la Monsieur Jourdain et en précède un, p. 23, à la Mallarmé ou à peu près. L'*Écume des jours* est un texte bourré d'allusions savantes.

Toutes ces possibilités de cheminement des significations sur des plans différents tiennent à ce qu'il faut bien considérer comme une propriété fondamentale, non pas du tout marginale, du langage humain : on peut toujours faire dire à un énoncé autre chose que ce qu'il dit. Cette caractéristique très particulière du langage, en tant qu'il est attesté par les langues, par rapport à l'ensemble des autres « codes », semble mettre en défaut l'axiome de consubstantialité du signe et de la signification, et constitue de fait une limite d'achoppement pour les purs formalismes [1]. Relevons sans plus pour le moment que les implicites sont ceux et seulement ceux que conditionne, qu'autorise l'explicite, - l'explicite même que nous avons sous les yeux et auquel ils sont accrochés. Une sorte de grammaire transformationnelle * d'un autre genre reste à fabriquer pour rendre compte de ces modalités d'accrochage (dont beaucoup peuvent d'ailleurs fort bien n'être pas d'essence linguistique), de ces inductions qui mènent un lecteur du texte à ses multiples valeurs de sens. Il n'existe pas d'énoncé en soi, d'énoncé tel qu'on puisse le catégoriser de façon univoque et définitive comme, par exemple, *affectif* ou *neutre* (ce sont des étiquettes de Bally *), comme relevant de l'ordre de l'expression ou de l'ordre de l'information; une petite phrase anodine dans un roman, c'est le roman tout entier qui lui donne son sens. Ainsi également des Ah ! et des Oh ! de Colin. Effet de contexte, dira-t-on; oui, à condition, soit dit de nouveau, d'admettre que le « contexte » s'étend jusqu'aux limites mêmes de la civilisation au sein de laquelle a été écrit le livre.

1. Et pour les tentatives de donner du langage et des langues une description dans les termes de la logique.

Puisqu'il faut bien prendre l'œuvre par des bouts différents, des trois chapitres qui font le corps de cet essai, le premier a pour ambition de proposer une formulation provisoire quant au *genre* auquel appartient l'*Écume des jours*, le second une formulation provisoire quant à l'*écriture*, le troisième de mettre en relation significative l'un et l'autre, de les affiner l'un par l'autre, de les co-intégrer, c'est-à-dire de retrouver au terme de l'analyse l'hypothèse de travail « anti-analytique » énoncée plus haut. Plan, comme on voit, d'une simplicité propédeutique !

J'y reviens : la multiplicité des écoles, des théories, des modes concrets d'approche se réclamant plus ou moins du structuralisme littéraire tend aujourd'hui à obscurcir une notion (plus exactement un ensemble de notions) de structure issue pour l'essentiel, dans ce domaine précis de l'œuvre de langage, des travaux des linguistes ; à obscurcir, corrélativement, la notion de style et de stylistique. L'impression de disparate, de contradiction a pu être assez fortement ressentie pour susciter chez certains observateurs ou praticiens pourtant avertis une sorte d'agnosticisme [1]. Or le petit livre que voici tente à sa façon, à sa mesure, d'accomplir un type de démarche dont les modèles se trouvent d'un côté chez des linguistes stylisticiens, Spitzer [2], Jakobson, Benveniste [3], d'un autre côté chez des spécialistes de l'anthropologie culturelle, et en particulier de la lecture des mythes, Dumézil [4], Lévi-Strauss [5], Vernant [6].

Des trois chapitres cependant, c'est le second dans lequel de la même hypothèse préliminaire découle le plus nécessai-

1. Voir par ex. Michel Arrivé, « Postulats pour la description des textes littéraires », in *La stylistique* (*Langue française*, sept. 1969, nº 3), pp. 3-13.

2. Léo Spitzer, *Études de style*, précédé de « Léo Spitzer et la lecture stylistique », par Jean Starobinski, Paris, Gallimard, 1970.

3. Dans les *Problèmes de linguistique générale*, Paris, Gallimard, 1966 (vol. I) et 1974 (vol. II), la partie « L'Homme dans sa langue ».

4. Entre autres, *Les Dieux des Indo-Européens*, Paris, PUF.

5. Entre autres, la série des *Mythologiques*, Paris, Plon.

6. Ci-dessus, p. 9, n. 1. Également *Mythe et pensée chez les Grecs*, Paris, Maspéro, 1966, et Jean-Pierre Vernant et Pierre Vidal-Naquet, *Mythe et tragédie en Grèce ancienne*, Paris, Maspéro, 1972, dans lequel analyse littéraire et analyse mythographique sont menées de front.

rement une méthode, à tout le moins dépend une perspective. Méthode, perspective *unitaires*. Je voudrais justifier sur un autre plan encore mon refus de certaines dichotomies. Ainsi, pourquoi l'idée qu'un texte littéraire est un ensemble d'éléments *linguistiques* parmi lesquels certains, et eux seulement, ont valeur *stylistique* est-elle inacceptable? Parce que tout texte, oral comme écrit, implique un préalable (dont nous ne connaissons guère encore que l'aspect formel). En termes saussuriens, la parole présuppose la langue; Benveniste a donné de cette idée des formulations puissantes, en voici une : « Pour que la parole assure la " communication ", il faut qu'elle y soit habilitée par le langage, dont elle n'est que l'actualisation [1] ». En termes chomskyens *, la performance présuppose la compétence : le montage en chacun de nous, à travers ce que nous appelons l'acquisition du langage, d'une « machine » linguistique, assimilable par approximation à un automate (bien entendu à un automate tel que le définissent les mathématiciens), « générant » des énoncés et permettant d'interpréter les énoncés d'autrui. On serait donc tenté de dire sans plus que la variété des styles dépend des variétés de langue, ou bien dépend de détails de construction de la machine. Mais il faut en même temps ne pas oublier que le texte est tendu par la relation même qui fonde le langage et dont on a pu montrer qu'elle détermine ses structures essentielles [2]; il est le support d'un acte de communication, il est *la forme que prend cet acte*, qui a son auteur, et son ou ses destinataires, qui répond à une situation définie, à une intention de dire. On retrouve l'idée maîtresse de Jakobson qu'il y a toujours quelque chose à tirer de la confrontation entre l'intentionnalité d'un discours et les matériaux linguistiques dont celui-ci se fait. Des usages de même intentionnalité délimitent à l'intérieur de ce qu'il est convenu d'appeler *la* langue, et qui est à vrai dire insaisissable, un sous-ensemble, un dialecte fonctionnel.

1. *Op. cit.*, p. 259.
2. Benoît Mandelbrot, « Structure formelle des textes et communication », *Word*, 1954, 10, p. 9 et sq.

Ainsi donc un roman est-il la forme que prend un acte de communication spécifique, lequel typologiquement relève de cette catégorie dite littérature. Et d'ailleurs la littérature, comme la peinture, comme la musique, est vérifiée en quelque sorte, à travers le temps, par son public, comme la science l'est par son efficace. L'intention de dire est ici ce que j'ai appelé, en m'inspirant avec plus ou moins de bonheur de la mode contemporaine, le projet romanesque : encore une fois, indissolublement forme et substance. Rien là qui autorise à scinder le discours en termes stylistiquement pertinents ou non-pertinents. Dire que le subjonctif après *bien que* étant obligatoire en français cultivé, la présence d'un subjonctif après *bien que* dans telle phrase de tel roman est sans intérêt stylistique revient à poser le problème de l'expression et de la liberté de l'écrivain d'une façon beaucoup trop ponctuelle, et tout à fait vieillotte par rapport à ce que nous ont appris la réflexion des linguistes et celle des probabilistes [1].

Ainsi donc la langue dans laquelle est écrit un livre doit-elle être prise, elle aussi, comme une totalité, faute de quoi elle n'est plus une langue. Tout y est intéressant. A la fois stock et machine productrice, stock constitué par choix et rejets, et machine actionnée par une personne qui tout de même lui est transcendante d'une certaine façon, c'est l'usage qui est fait d'elle qui définit un style. Certes l'écrivain ruse avec les règles de langage, avec la « grammaire » dans le sens le plus extensif du terme : par exemple en réduisant l'arbitraire * de la relation entre signifiant et signifié. Mais l'ensemble des mécanismes, des figures de contraste sur lesquels insiste justement Jakobson, et sur lesquels Riffaterre veut fonder une réforme de la théorie [2] ne font pas alterner présence et absence de style ; ils sont intérieurs à la même parole littéraire. Pas de discours qui n'ait son style.

Tout cela est dit en somme en gardant présent à l'esprit que l'antinomie langue-parole constitue la catégorie polaire

1. La référence à Mandelbrot qui précède. Son article demeure à mes yeux la meilleure introduction à une conception probabiliste du langage.
2. Sur ce Jakobson revisited, voir l'excellent résumé de Claude Morhange-Bégué dans son introd. à « *La Chanson du Mal Aimé* », *analyse structurale et stylistique*, Paris, Minard, Les Lettres modernes, 1970, et bien sûr les *Essais de stylistique structurale* de M. Riffaterre lui-même, Paris, Flammarion, 1971.

à travers laquelle Saussure et ses continuateurs ont cherché à comprendre un phénomène un, l'acte de langage, et que serait un contresens, une trahison, toute tentative d'en ériger les termes en entités indépendantes. On ne peut se passer cependant d'analyser, et les choses paraissent claires : le linguiste s'intéresse à un texte en tant que celui-ci renvoie à sa matrice originelle, et permet de la restituer, le stylisticien s'intéresse au même texte en tant que celui-ci est proprement un discours. En fait cette distribution des tâches paraît déjà désuète. Certes, pour ce qu'a été la linguistique jusqu'à une date récente, la langue en question, la langue du linguiste, n'est pas celle de quelqu'un, n'est pas un idiolecte, littéraire ou non, mais *la* langue générale, l'instrument supposé d'une communauté tout entière, la forme inclusive de toutes les variétés, et dont il faut bien dire, comme je l'ai fait plus haut, qu'elle ne correspond à aucun usage défini si ce n'est celui de compiler la quasi-totalité des lexèmes dans les dictionnaires et la quasi-totalité des tours dans les grammaires. Mais aujourd'hui le linguiste, Jakobson, ou Benveniste, ou Marcel Cohen [1], est ipso facto stylisticien, par la logique même de sa démarche, qui transgresse sans qu'on l'ait toujours perçu les limites, le champ épistémologique de la linguistique structurale canonique. Il s'intéresse précisément à cet idiolecte dont l'œuvre est le témoin, mais que sa rédaction a contribué à modifier (comme il s'intéresse, sur un autre plan, à cette variété de discours sur les choses que permet la langue A par comparaison avec la langue B, le français par comparaison avec l'anglais) : la machine se confond avec son fonctionnement.

LA PRATIQUE DU TEXTE

La méthode concrète d'analyse doit donc dans un premier temps retrouver les préceptes et habitudes de la philologie : non pas tenter de séparer d'emblée, en fonction de critères incertains, le bon grain de l'ivraie, le stylistiquement pertinent et le non-pertinent, mais suivre le texte pas à pas, mot à mot [2], avec une attention jamais défaillante, sur aucun

1. *Grammaire et style*, cf. ci-dessous p. 81, est un des très rares ouvrages à proposer les linéaments d'une histoire de la phrase littéraire française.
2. Ci-dessous, p. 100.

point, et dans une attitude de parfaite humilité. A très peu près, cette étape première de l'examen exclut, pour des raisons prophylactiques, le recours à la biographie [1]. L'œuvre est provisoirement tenue pour fermée sur elle-même, microcosme verbal dont il s'agit de dégager les agencements propres, les solidarités internes, dont on suppose en somme que résident en son sein même plusieurs au moins des instruments majeurs de son interprétation. Cependant la saisie du projet romanesque ne repose pas de façon exclusive sur le repérage des régularités langagières. On l'a indiqué plus haut, si la récurrence est le procédé par excellence qui fonde l'usage littéraire du langage, elle joue tout aussi bien des thèmes, des images, des situations... Personne jusqu'ici n'a pu proposer un algorithme * de l'explication de texte tel qu'on sache dans tous les cas par où commencer et par où finir. La relation d'un certain analyste avec une certaine œuvre inclut un aspect de tactique que Léo Spitzer en particulier a remarquablement commenté. Pour des raisons, donc, qui tiennent à ma fréquentation de l'œuvre, à mon commerce avec elle, le bout premier par lequel je prendrai l'*Écume des jours* est celui des récurrences du récit. Elles rendent très vite manifeste, me semble-t-il, la présence souveraine de la mort.

FONCTION POÉTIQUE ET PROSE ROMANESQUE

Ni le genre ni l'écriture, dans un autre moment de la démarche, ni l'œuvre dont ils sont l'attribut, ne sauraient être appréhendés correctement hors d'une perspective historique. Une seconde hypothèse de travail intervient ici : que, - le roman, de toutes les catégories littéraires, étant sans doute la plus protéenne -, l'*Écume des jours* s'inscrit dans l'effort long, sourd, quasi clandestin d'une de ses traditions pour transférer à la prose narrative les procédés de la fonction poétique [2]. Il y a eu sur ce chemin de singulières « stations », pour peu qu'on y prenne garde; qui penserait, en ce point, aux *Liaisons dangereuses*? Laclos pourtant, à une époque où

1. P. 101, n. 2.
2. Telle que définie par Jakobson.

« tout le monde connaît que le style figuré est surtout à sa place dans la poésie [1] », ose multiplier, sous la procuration de ses personnages, dans ce livre tendu qui est aussi un livre de mathématicien, des métaphores étonnantes comme celle du « braconnier obscur [2] ». Ainsi à travers le temps voit-on la « poésie » infuser ses techniques langagières dans un genre pourtant tout occupé de répondre à la tentation « réaliste ». C'est, autre sujet d'étonnement peut-être pour certains amateurs de lettres habitués à des hiérarchies différentes, c'est dans cette optique encore qu'il faut relire Alphonse Allais [3]. Puis l'histoire, comme toujours, s'accélère : Allais, les surréalistes[4], Queneau, Vian... Dans le même mouvement créateur, dans la même recherche d'une *solution*, écriture poétique et transfiguration surréaliste se conjuguent, et se font les réalisatrices d'une fonction sémantique complexe. Car la moindre tentative pour élucider l'idéologie, au sens ordinaire cette fois, de l'*Écume des jours* met au clair deux composantes majeures, existentialisme et anarchisme, l'anarchisme enveloppant d'ailleurs en quelque sorte comme un cas particulier le surréalisme, - une certaine espèce de surréalisme. Il se trouve que l'*Écume* a aussi quelque chose à voir avec l'unification du verbe romanesque. Que Vian l'ait ou non voulu consciemment, mais pourquoi pas si l'on pense à la cohérence de son œuvre romanesque, le résultat de cette *réalisation*, dans le sens actif du suffixe, est une allégorie. Il y a eu, le temps d'un moment heureux, adéquation, unification, réponse achevée à une problématique.

***

Il me resterait, mais je n'ai été que trop long déjà, à justifier certains concepts utilisés dans le corps de l'analyse et qui sont subordonnés à ses grandes hypothèses. La notion, par exemple, de *surdétermination* d'un texte littéraire; disons sans plus qu'elle renvoie notamment à la multiplicité des niveaux de

1. Cf. A. François dans Ferdinand Brunot, *Histoire de la langue française*, VI, 2e partie, p. 1262.
2. Réminiscence platonicienne, peut-être, de surcroît.
3. Voir par ex. Martin Sorrel, « Alphonse Allais : his style and technique, and his continuing importance », *The French Review*, 1973, 46, nº 3, 484-492.
4. Voir J.-Y. Tadié, *Le récit poétique*, Paris, PUF, 1978.

signification, mais en inversant la perspective : elle assigne un rôle causal, dans la genèse du texte, à ce que notre lecture ne découvre en général qu'après coup.

Les allusions faites à plusieurs reprises à une parenté entre récit mythique et récit littéraire posent des problèmes beaucoup plus graves. De la pensée mythique des peuples archaïques à la pensée littéraire contemporaine, il y a à la fois une certaine continuité génétique, et une discontinuité radicale de signification. Est-ce d'avoir été l'auditeur émerveillé de plusieurs maîtres du déchiffrement des théogonies et autres légendes sacrées, j'ai cru déceler dans le bloc romanesque de Vian des « équivalents » de la pensée mythique. Je ne m'en expliquerai pas davantage ici, c'est trop difficile, et je plaide l'impréparation [1].

Pour ne point terminer sur une pirouette, je rappellerai simplement la plus connue des analogies entre analyse mythographique et analyse littéraire : les personnages d'un roman, comme les dieux d'un panthéon, se définissent *d'abord* par leur rapport les uns aux autres, et non pas par une « biographie » ou une « personnalité ». C'est rentrer au bercail du structuralisme, je veux dire en ce lieu même où il s'est constitué dès le XIXe siècle, en matière de sciences humaines, non pas du tout par un emprunt direct à la mathématique, comme on le voit écrire, mais par la considération de ces ensembles, les panthéons, dans lesquels manifestement « la relation prime les termes de la relation ».

1. Pour un premier état de la question, voir au moins Georges Lukàcs, *La théorie du roman*, Paris, Gonthier, 1963; Claude Lévi-Strauss, *L'origine des manières de table (Mythologiques, III)*, Paris, Plon, 1968; Michel Zéraffa, *Roman et société*, Paris, P.U.F., 1971; Jean-Pierre Vernant, *Mythe et société en Grèce ancienne* (toute la partie « Raisons du mythe »), Paris, Maspéro, 1974; Michel Zéraffa, « Ordre mythique, ordre romanesque... » et Claude Lévi-Strauss, « Sur S/Z », in *Claude Lévi-Strauss*, Paris, Gallimard (Idées), 1979. Pour le traitement, exemplaire, d'un cas particulier, voir le livre de Vernant et Vidal-Naquet signalé ci-dessus, p. 12, n. 6.

Structures romanesques 1

LE RÉCIT ET SES RÉCURRENCES

On ne résume pas une œuvre, la signification n'étant nulle part indépendante des signes par lesquels elle se manifeste. Ce que l'on fait, encore une fois, c'est lui appliquer une grille analytique ou une autre, qui privilégie des traits à nos yeux du même ordre. Ainsi du récit.

L'écume est composée d'un Avant-Propos de 17 lignes, et de 68 chapitres, numérotés en romaine, dont le plus long, le premier, a sept pages, et les plus brefs, le 58ᵉ, le 67ᵉ, un tiers de page à peine. On peut en première approximation considérer qu'ils sont [1] l'équivalent littéraire des *plans* d'un découpage cinématographique. La rédaction du roman est située *in fine* entre Memphis et Davenport et dans un espace de trois jours. En fait lieux et dates sont canulés : Vian n'a jamais mis les pieds aux États-Unis ; mais il s'agit d'une déclaration d'allégeance au jazz, sans doute aussi, dans le cas de Memphis *, d'une référence faulknérienne [2].

L'Avant-Propos est daté lui aussi de la Nouvelle-Orléans; c'est bien naturel puisque Vian va y indiquer qu'il existe au monde deux choses positives, l'amour et le jazz. Grattez l'impertinence, le sérieux apparaît. Car cet avant-propos est ouvertement et densément idéologique : anarchiste (« ... les masses ont tort, et les individus toujours raison ») et, à sa façon, surréaliste (« ... l'histoire est entièrement vraie, puisque

1. A l'exception du premier.
2. P. 102-103.

je l'ai imaginée d'un bout à l'autre »). S'y fait jour également une ironie de taupin * (« ... une projection de la réalité ... sur un plan de référence irrégulièrement ondulé... »). Sur ces divers thèmes, il sera revenu.

I. Entrée, après trois phrases insidieusement banales, dans un univers de prolongement et dépassement du nôtre : dans ses structures, à parenté surréaliste ; dans son dynamisme, assez comparable à celui des films burlesques... Dans le compte rendu qui en est donné, un certain délire logico-verbal [1] y reste dans l'ensemble asservi aux nécessités de la construction romanesque. Un univers, aussi, du conditionnement de luxe.

Présentation physique de Colin : un grand bébé de 22 ans. Présentation psychologique : « behavioriste * », par ses réactions; peu de définitions. Présentation sociale : Colin, à la différence de son ami Chick, possède assez d'argent pour ne pas travailler. Un personnage, au premier abord, ambigu : mi-artiste, mi-conformiste. Cette ambiguïté est déterminée par son statut.

Le cuisinier Nicolas prépare le dîner pour Colin et Chick. Le temps est élastique, le désir de Colin le fait passer du samedi au lundi. Arrivée de Chick. Brève conversation (le livre de cuisine de Gouffé * [2] sera à plusieurs reprises une Bible de dérision) des trois hommes qui introduit le personnage d'Alise, nièce de Nicolas et petite amie de Chick.

Le pianocktail, - l'orgue à liqueurs de Des Esseintes * mécanisé. Présence de la musique : l'appartement situé avenue Louis Armstrong; le pianocktail; le motif, *Loveless Love*, de Chick (à prendre, on le verra, dans sa littéralité).

II. Histoire de l'anguille qui a servi à la confection du pâté : apparition de la mort et de la cruauté; indifférence de Chick. Histoire de Chick et d'Alise; ils se sont connus à une conférence de Jean-Sol Partre (la métathèse est aisée). On comprend par implication que Colin est vacant, et timide.

1. Le *Gai Laboureur* est une pièce pour le piano.
2. C'est le nom d'un assassin célèbre, comme le relève Chick. Pour le *Livre de cuisine*, Arnaud donne la date de 1867. J'ai eu en main une éd. postérieure : Jules Gouffé / Ancien Officier de Bouche du Jockey Club de Paris / *Le livre de Cuisine / La cuisine de ménage et la grande cuisine* / Librairie Hachette et Cie, 1913, Paris, Bd Saint-Germain, 79. P. 88 de l'*Automne* : « ... l'interne... lisait un bon livre : *La vie de Jules Gouffé*, par Jacques Loustalot et Nicolas », — Jacques Loustalot étant l'ami de Vian, le « Major ».

III. Le métro, la patinoire Molitor : référence parisienne. Le garçon d'étage a une tête de pigeon. Dans la cabine Colin fait repousser la semelle de ses chaussures. Il provoque en rejoignant Chick et Alise sur la piste une mêlée mortelle : seconde apparition du thème mort-cruauté. Les restes humains sont évacués par le « trou à râclures » (la trappe d'Ubu ?). Un autre patineur se tue et sa mort est présentée de la même façon comme une banalité; mais prendre garde à l'image : « une méduse de papier mâché écartelée par un enfant cruel [1] ».

Après l'hécatombe, Colin, Chick et Alise avaient fait une prière, et maintenant le garçon de piste passe des disques religieux, le temps qu'une croix de glace fonde : apparition d'un autre thème récurrent, la dérision du christianisme.

IV. Arrivée d'Isis et de Nicolas. Isis, vêtue comme Alise (qui *portait*, p. 18, *par un hasard étrange*...), exactement, invite Colin à la partie d'anniversaire de son caniche.

V. Colin rentrant chez lui marche dans une rue d'hiver. Chacune de ses pensées est présentée d'abord séparément, comme un élément de monologue; puis discours indirect libre. Il pose le pied sur une raie du trottoir, il aura un bouton sur le nez pour la partie chez Isis : *c'est idiot, ces trucs-là*, phrase à retours, aussi, dans la bouche de Colin et des gens de son entourage.

VI. Dialogue Colin-Nicolas. Colin souhaite avoir avec Nicolas des rapports amicaux, Nicolas reste sur la réserve que justifie son génie de cuisinier. Nouvelle recette, - de l'andouillon des îles au porto musqué -, plus franchement canulée. Comique verbal très accentué; parmi ses facteurs, série de jeux de mots « syntagmatiques * » : *revenues* (sens culinaire) *à toute bride* (revenir à cheval); *poussez* (pousser = activer) le feu, et sur l'*espace* ainsi gagné (pousser = déplacer), disposez *avec goût* (cliché); *graissez* un moule (pour le plat en train, suppose-t-on) et rangez-le *pour qu'il ne rouille pas* (on graisse en effet les armes, etc.); *servez et allez-vous-en*...

Colin demande à Nicolas de lui enseigner le *biglemoi* (étymologie transparente) qui est une danse plus récente que le *déboîté style Boissière* (allitérations) et que la *tramontane*

1. « Il... se jeta dans le vide, et sa tête fit une méduse rouge sur l'asphalte de la Cinquième Avenue », *Le rappel* (in *L'herbe rouge*, p. 213).

(dérivation impropre s'il en fut, mais il y a la *sardane*). « Il convient seulement d'éviter les erreurs grossières et les fautes de goût ».

Apparition de Chloé en tant que thème musical : dans l'arrangement de Duke Ellington.[1] D'un bout à l'autre du livre, même monde de l'anticipation; la dernière sera tragique. Et d'ailleurs c'est là le sens : une temporalité tout à fait analogue à celle de la tragédie; il y a certes succession, mais d'événements inscrits. Simplement, pas de référence explicite au destin; ni l'Auteur ni ses personnages ne se prononcent; il n'y a personne davantage pour déchiffrer les présages. Il se révèle ici que l'*Écume* est à lire au second degré, comme une allégorie; et d'ailleurs l'écriture, par ses procédés, accomplit elle aussi la distanciation nécessaire.

VII. Leçon de biglemoi, parlée par Nicolas avec le même pédantisme qu'en VI, technique, supérieur, et, dès qu'on « traduit », indécemment comique.

VIII. Même habillage langagier de l'indécence. Dès que Colin-Daphnis comprend, il rougit. Rapport entre la technique du biglemoi et la naissance d'Alise.

Le découpage découvre sa raison d'être : à l'intérieur de *plans* de cinéma, des *scènes* au sens dramatique d'articulations du dialogue.

IX. Colin pense à ce qu'il va porter pour la réception d'Isis. Conversation avec Nicolas, d'où il ressort que celui-ci, président du Cercle philosophique (très fermé) des Gens de Maison de l'arrondissement, doit participer à une discussion sur le sujet de l'engagement (partrien, dans les troupes coloniales, des gens de maison...). Colin rêve tout haut; il souhaite rencontrer aujourd'hui une âme sœur du type d'Alise, il aimerait qu'une jeune fille lui écrivît (imp. du subj. dans le texte)...

X. Colin s'habille en conjuguant *vouloir être amoureux*, et en bavardant avec le génie du lieu, la souris grise à moustaches noires (il parle, elle répond par gestes et attitudes). Ce jeune homme pudique a des imaginations qui le sont peu : la porte

1. Originellement, *Girl of the Swamp* (Rybalka). Voir p. 92.

claque avec le bruit d'une main nue sur une fesse nue, une autre avec le bruit d'un baiser sur une épaule également nue. Son obsession de filles et d'amour informe tout ce qu'il voit. Et cependant, sur le chemin de la partie, il a croisé deux signes de mort et il a dépassé une femme qui est la vieillesse.

XI. Colin monte l'escalier des Ponteauzanne derrière deux jeunes filles dont il regarde les jambes; l'érotisme est lié ici à une description parfaitement précise. Parmi les détails de la réception : des crochets de boucher [1] transforment la chambre d'Isis en vestiaire et, « pour faire joli », elle y a suspendu « deux têtes de mouton bien écorchées »; la robe qu'elle porte, ainsi d'ailleurs, exactement la même (cf. la scène de la patinoire), qu'une autre fille, a pour empiècement dans le dos une grille en fer forgé [2] ; les petits fours contiennent des piquants... Un au-delà de la psychanalyse: il n'est plus question de contenus latents, les thèmes connus sont poussés. Colin lorgne les filles, et puis Isis lui présente Chloé et c'en est fait. Tout ce qu'on sait de Chloé est qu'elle a les cheveux bruns et les yeux bleus. Le coup de foudre est rapporté avec une drôlerie à double détente : on y croit d'autant plus que c'est drôle (Apollinaire : « Et moi j'ai le cœur aussi gros / Qu'un cul de dame damascène... »). Alise fait passer *Chloé* dans l'arrangement du Duke.

XII. Chick dîne chez Colin. Chick s'intéresse aux éditions de Partre et Colin à Chloé. « L'attente est un prélude sur le mode mineur », dit Chick; l'inattendu est que ça vienne de lui, qui d'ailleurs se surprend lui-même. Le vin est un Sauternes phosphorescent et le gâteau apporté par Nicolas, transformé en disque, joue *Chloé* dans l'arrangement, bien sûr, de Duke Ellington.

XIII. Colin et Chloé ont rendez-vous. Ils ont comme les amoureux vrais une conversation banale. Ils regardent des vitrines, déplaisantes, l'une notamment, de propagande pour l'Assistance Publique, dans laquelle un boucher égorge de

1. *Cantilènes en gelée*, p. 71, « M'a pendu par le cou au crochet d'un boucher »; p. 147, « Ces crochets de fer / Où s'attarde un peu de sang ». Ci-dessous, chap. XIII.
2. *Fourmis*, p. 102.

petits enfants dont on ne sait s'ils sont réels. La mort et l'amour, thème connu; c'est par le truchement de la musique que Colin et Chloé sont Tristan et Yseut. Ils s'en vont au Bois,

XIV. s'asseyent sur un banc, échangent des baisers, restent sans rien dire.

XV. Chloé partie dans le Midi, Alise et Chick dînent chez Colin, qui leur annonce ses proches fiançailles (p. 44) et mariage (p. 46), et perçoit une gêne entre eux : Chick [1] n'a pas assez d'argent pour à la fois collectionner les grands papiers de Partre et épouser Alise. Colin offre à Chick le quart de sa fortune, laquelle se monte à 100 000 doublezons. « Ce qui m'intéresse, ce n'est pas le bonheur de tous les hommes, c'est celui de chacun ». Qui parle? Colin, certes, mais aussi celui qui dans l'avant-propos a écrit que « ... les masses ont tort, et les individus toujours raison » [2]. Cette énorme déclaration *politique* est ainsi, mine de rien, insérée dans un dialogue qu'aucun indice ne signale en particulier à l'attention.

Nicolas, formellement invité, va se changer et, revenu, parle normalement. Les quatre jeunes gens maintenant se tutoient : le groupe a accompli sa réunion, Chloé n'est pas vraiment absente.

XVI. Colin se marie demain. Il adresse à Chloé par la pensée un discours amoureux, simple et joli. Il commande des fleurs. C'est la fin de l'hiver.

XVII. Les frères Desmaret, - Coriolan et Pégase [3] -, pédérastes d'honneur au mariage de Colin. Comme les phalanstériens, ils ont un boutonnage à l'arrière, mais c'est celui de la braguette, logique héneaurme elle aussi. Coriolan cependant est tenté par les femmes : il est inverti (cf. p. 62).

1. Chick est ingénieur *, comme Anne, comme Angel, comme Wolf, dans les trois autres grands romans de Vian.

2. Dans l'*Éducation sentimentale*, du peu sympathique Sénécal : « Homme de théories, il ne considérait que les masses et se montrait impitoyable pour les individus », p. 224 de l'éd. Garnier-Flammarion. On verra s'éclairer plus loin des « lectures » de Flaubert.

3. Pégase est, si je ne me trompe, l'emblème des pétroles Desmarais *(Mobil)*.

XVIII. Préparation du mariage religieux. Les ecclésiastiques et leurs auxiliaires portent des noms qui composent toute une titulature adultérée. Le décor peint ressemble aux chaussettes de patinage de Colin, jaunes à raies violettes; id. de la hallebarde et de la canne du Chuiche et, page 59, de la flamme des bâtonnets d'encens. Église démesurée; la tribune des musiciens (il y en aura 73) est à cent mètres au-dessus du sol et les piliers montent très haut au-dessus d'elle; et d'ailleurs le Religieux, le Chuiche et le Bedon redescendent en parachute.

XIX. Chloé s'apprête, nue encore à l'exception de ses bas et souliers, dans la seule compagnie de la souris grise à moustaches noires [1]. Elle rejoint Isis et Alise, ses demoiselles d'honneur, qui sont dans la même tenue; elle voudrait les garder ainsi pour la cérémonie. Image classique d'érotisme? On est en fait dans une innocence outre impudeur.

XX. Colin s'habille avec l'aide de Chick. Les cravates sont des animaux récalcitrants et à morsure; la quatrième est eue par un jet de fixateur.

XXI. Colin et Chick vont à pied chercher Chloé. En chemin Chick emprunte de l'argent à Colin pour acheter un Partre. Les trois jeunes femmes en robe de mousseline, l'une blanche, les deux autres « couleur d'eau », repartent avec eux dans une automobile blanche que les passants prennent pour celle du Président.

Ils sont accueillis sur le perron de l'église par une formation composée du Religieux (grosse caisse), du Bedon (fifre) et du Chuiche (maracas puis contrebasse); c'est l'introït d'une caricature de la liturgie catholique qui ne connaît pas de relâchement. Le chef d'orchestre choit de la tribune et s'écrase sur les dalles de la nef : présence de la mort, quoique traitée en incident sans signification spéciale, attendu.

La liturgie se poursuit par un parcours en wagonnet semblable à celui des Luna-Parks mais offrant des vues successives sur le Saint, sur la Vierge, et sur Dieu qui a « un œil au beurre noir et l'air pas content ». Tout le cortège, les mariés, leurs amis, les ecclésiastiques et les enfants de Foi, est maintenant en place devant l'autel. La dérision est atténuée

1. Bernard Lalande me dit à l'oreille que *toutes* les souris grises, apparemment, ont des moustaches noires.

par un seul trait, la musique; après les airs de circonstance, dont un chœur grégorien, des blues, et bien sûr l'arrangement de Duke Ellington sur *Chloé*. Le Christ en croix accroché au mur regarde la scène avec intérêt et Colin lui sourit distraitement.

XXII. Fin de la cérémonie. Multiples notations sarcastiques, qui ne touchent pas uniquement la religion. En sortant de l'église, Chloé tousse dans l'air froid.

XXIII. Réveil des jeunes mariés dans la chambre de Colin. Ils vont partir en voyage de noces. La souris grise à moustaches noires remarque que les soleils du couloir n'entrent pas aussi bien que d'habitude. Nicolas a passé la nuit avec Isis et deux cousines à elle, de seize et dix-huit ans.

On peut considérer qu'ici s'achève l'exposition; 23 chapitres sur 68, 64 pages sur 174, légèrement plus du tiers, c'est, pour un livre court, une longue exposition [1]. Il s'est passé pourtant, en termes de récit, très peu de chose : un jeune homme bien attend l'amour et le rencontre. Une minuscule déchirure : la toux de Chloé.

XXIV. Le voyage de noces, dans la grande voiture blanche, ne commence pas exactement bien. La route est une traverse en mauvais état et non pas la vraie route des vacances, le ciel est bas, le paysage triste. Chloé sent son cœur battre trop vite. Colin commande les vitres de couleur [2]. Ils approchent de mines de cuivre, le paysage entier chauffe.

TEXTE I

Brusquement, la route tourna de nouveau et ils se trouvèrent au milieu des mines de cuivre. Elles s'étageaient des deux côtés, de quelques mètres en contrebas. D'immenses étendues de cuivre verdâtre, à l'infini, déroulaient leur aridité. Des centaines d'hommes, vêtus de combinaisons hermétiques, s'agitaient autour des feux. D'autres empilaient, en pyramides régulières, le combustible que l'on amenait sans cesse dans des

1. « Je suis conscient que les débuts de mes romans présentent en général une sorte d'inconsistance comme de ce qui n'a pas de passé, et cela tient, je crois, à ce que je ne conçois pas qu'un roman, pour progresser, s'appuie sur autre chose que sa matière même... », Arnaud, 235.

2. Cf. *Petits poèmes en prose*, « Le mauvais vitrier ».

wagonnets électriques. Le cuivre, sous l'effet de la chaleur, fondait et coulait en ruisseaux rouges frangés de scories spongieuses et dures comme de la pierre. De place en place, on le rassemblait dans de grands réservoirs où des machines le pompaient et le transvasaient dans des tuyaux ovales.

- Quel travail terrible !... dit Chloé.

- C'est assez bien payé, dit Nicolas.

Quelques hommes s'étaient arrêtés pour voir passer la voiture. On ne voyait, dans leurs yeux, qu'une pitié un peu narquoise. Ils étaient larges et forts, ils avaient l'air inébranlables.

- Ils ne nous aiment pas, dit Chloé. Allons-nous-en d'ici.

- Ils travaillent... dit Colin.

- Ce n'est pas une raison, dit Chloé.

Nicolas accéléra un peu. La voiture filait sur la route craquelée, dans la rumeur des machines et du cuivre en fusion.

- On va bientôt rejoindre l'ancienne route, dit Nicolas.

XXV

- Pourquoi sont-ils si méprisants ? demanda Chloé. Ce n'est pas tellement bien de travailler...

- On leur a dit que c'était bien, dit Colin. En général, on trouve ça bien. En fait, personne ne le pense. On le fait par habitude, et pour ne pas y penser, justement.

- En tout cas, c'est idiot de faire un travail que des machines pourraient faire.

- Il faut construire des machines, dit Colin. Qui le fera ?

- Oh ! Évidemment, dit Chloé. Pour faire un œuf, il faut une poule, mais, une fois qu'on a la poule, on peut avoir des tas d'œufs. Il vaut donc mieux commencer par la poule.

- Il faudrait savoir, dit Colin, qui empêche de faire des machines. C'est le temps qui doit manquer. Les gens perdent leur temps à vivre, alors il ne leur en reste plus pour travailler.

- Ce n'est pas plutôt le contraire ? dit Chloé.

- Non, dit Colin. S'ils avaient le temps de construire les machines, après ils n'auraient plus besoin de rien faire. Ce que je veux dire, c'est qu'ils travaillent pour vivre au lieu de travailler à construire des machines qui les feraient vivre sans travailler.

- C'est compliqué, estima Chloé.

- Non, dit Colin. C'est très simple. Ça devrait, bien entendu, venir progressivement. Mais, on perd tellement de temps à faire des choses qui s'usent...

- Mais, tu crois qu'ils n'aimeraient pas mieux rester chez eux et embrasser leur femme et aller à la piscine et aux divertissements ?

- Non, dit Colin. Parce qu'ils n'y pensent pas.

- Mais, est-ce que c'est leur faute si ils croient que c'est bien de travailler ?

- Non, dit Colin, ce n'est pas leur faute. C'est parce qu'on leur a dit : « Le travail, c'est sacré, c'est bien, c'est beau, c'est ce qui compte avant tout, et seuls les travailleurs ont droit à tout ». Seulement, on s'arrange pour les faire travailler tout le temps et alors ils ne peuvent pas en profiter.

- Mais, alors, ils sont bêtes ? dit Chloé.

- Oui, ils sont bêtes, dit Colin. C'est pour ça qu'ils sont d'accord avec ceux qui leur font croire que le travail c'est ce qu'il y a de mieux. Ça leur évite de réfléchir et de chercher à progresser et à ne plus travailler.

- Parlons d'autre chose, dit Chloé. C'est épuisant, ces sujets-là. Dis-moi si tu aimes mes cheveux [1]...

Lignes 1-14. Le lecteur plein d'innocence peut voir ici la description réaliste d'un paysage industriel [2]. Après tout existe, au Chili, l'énorme mine de cuivre à ciel ouvert de Chuquicamata. Il apparaît cependant à l'observation : 1. Qu'il s'agit d'un paysage halluciné. Les références plastiques, on y reviendra, sont nombreuses chez Vian ; ce à quoi on pense ici, c'est à une transposition moderne de Monsù Desiderio *. 2. Que le style est délibérément un pastiche du récit de voyageur, en particulier chez Jules Verne. Cette autre référence est significative elle aussi : il y a une lecture surréaliste du seul grand des Jules. 3. Que les indices de cette double transposition résident en ceci d'abord que nulle part au monde, pour autant que je sache, le cuivre n'est raffiné sur les lieux de son extraction. Mais le clin d'œil de Vian à son lecteur, c'est cette histoire, tout à la fin du paragraphe, de tuyaux *ovales*; le détail serait gratuit s'il ne jouait ce rôle d'éveil, s'il n'était annonciateur qu'une certaine espèce de message va être expédiée par l'auteur au lecteur.

1. B. Vian, *l'Écume des jours*, Jean-Jacques Pauvert et 10/18, p. 66-68.
2. Jeter un coup d'œil sur celle de l'usine de Chick, p. 132 sqq.

Schème fréquent de composition chez Boris Vian, la description précède un long dialogue. Celui-ci n'est fractionné entre le chapitre XXIV et le chapitre XXV que pour la raison de découpage en scènes déjà mentionnée : XXIV à trois, XXV à deux personnages.

Lignes 15-28. La conversation procède selon une logique de court-circuit : « C'est assez bien payé » (c'est pour cela qu'ils acceptent de travailler); « Ils travaillent » (c'est parce qu'ils travaillent qu'ils ne nous aiment pas, nous qui sommes oisifs); « On va bientôt rejoindre l'ancienne route » répond de la même façon à « Allons-nous-en d'ici ».

Noter encore que dans tout le fragment les répliques, à l'exception d'un *demanda* et d'un *estima*, sont introduites d'une façon unique, la plus simple, ... *dit* Chloé, ... *dit* Nicolas, ... *dit* Colin : réaction contre la rhétorique scolaire qui veut qu'on « varie les verbes » (grimaça-t-il, regimba-t-elle...); elle crée naturellement une nouvelle rhétorique, qui renoue en fait avec des habitudes anciennes (c'est ainsi que Saint-Simon par exemple rapporte les dialogues).

Noter enfin la puissance du contraste entre les hommes vêtus de combinaisons hermétiques, larges et forts, l'air inaltérable, des Martiens en somme, et les adolescents prolongés et fragiles que sont Chloé, Colin et même Nicolas.

Lignes 29 et sq. Dialogue charmant du jeune marié et de la jeune mariée sur le thème du travail. Ils sont, encore une fois, des adultes à l'âme d'adolescents; gâtés et purs à la fois, en profondeur identiques, interchangeables. Lui cependant veut faire l'homme; malgré sa modestie naturelle, c'est à lui qu'il revient d'expliquer les choses. L'intelligence abstraite n'est pas leur fort, et lui manque s'empêtrer (« Les gens perdent leur temps à vivre... Ce que je veux dire... ») dans son propre raisonnement.

Cette première lecture n'est pas fausse. Simplement, il faut lui en superposer d'autres. D'abord au niveau des structures romanesques. Se précise ici en effet le statut très particulier de Colin. Il est riche, mais d'un avoir, *d'une fortune finie*, qui ne se renouvelle pas; héritée, sans doute.[1] Il n'appartient ni au monde des travailleurs ni à celui de leurs exploi-

1. P. 53, n. 1.

teurs. Cette exclusion, cette marginalité, - c'est-à-dire aussi, d'une certaine façon, cette innocence -, est marquée de la bouche de Colin lui-même : ligne 31, *on* leur a dit; ligne 42, Il faudrait savoir *qui* empêche de faire des machines; ligne 65, Seulement, *on* s'arrange pour les faire travailler tout le temps; ligne 69, C'est pour ça qu'ils sont d'accord avec *ceux qui leur font croire*... Clairement, Colin ne participe pas à, ni de, la société des *on*.

Ce n'est pas tout; il y a dans le texte un autre niveau encore de signification. Cette fois, c'est de la relation annoncée, de la relation directe auteur-lecteur qu'il s'agit avec la démythification du travail. La volonté polémique à l'égard d'une certaine variété au moins de marxisme apparaît de façon flagrante : es-tu vraiment assez naïf, ô mon lecteur, pour penser que dans une société socialiste le travail cesse d'être une aliénation [1]? L'art résidant, bien entendu, en ce que ce discours de subversion décidée nous est tenu à la fois par le truchement des personnages, de la vraisemblance parfaite du dialogue [2] en fonction de ce qu'ils sont donnés pour être, jeunes, riches, oisifs, pas spécialement intelligents, à tout le moins peu familiers de la discussion abstraite, et cependant par-dessus leur tête.

XXVI. De toutes les pages du livre, la plus « distanciée » peut-être. Les trois jeunes gens se sont arrêtés dans un hôtel. Le paysage où il sied réalise la perfection du tourisme. Synthèse des prospectus d'agences (le procédé sera repris au cinéma par Jean-Luc Godard), inventaire d'éléments normalement exclusifs les uns des autres, les quatre saisons y coexistent comme le font des flores incompatibles; par-dessus le marché, vent, ombre et grenouilles font l'objet d'une distribution binaire. L'écriture joue son jeu dans cette mise à distance : néologismes (*se nutritionner, zonzonner, insoler*), reprises (*incertaines* dont *certaines*), cliché « poussé » (*cinglant* vers les grands lacs, mais seul un voilier peut cingler, non pas le bateau à roues des films américains, qui d'ailleurs remonte plutôt les fleuves), variation paradigmatique * (les

1. Vian ne pouvait connaître, bien sûr, la façon dont le problème du travail a été posé en Chine après la « révolution culturelle prolétarienne ». Il n'est pas certain qu'elle l'eût séduit. Voir infra p. 52, n. 1.
2. Noter, dans cette justesse, le rôle de la séquence systématique *mais* + virgule.

nerfs *en bobines*)... Nicolas tient de son côté le langage assorti à son costume de chauffeur de maître (cf. chap. XV : Nicolas tutoie Colin après s'être changé; cf. aussi XXIX), distant aussi par l'emploi de la troisième personne, la distinction affectée. Exaspéré, Colin veut lui lancer au visage sa chaussure; elle brise un carreau, qui commence à repousser.

Mais dans ce paysage plus truqué que les Alpes de Tartarin, où pour la récompense des patriotes on trouve sous la blancheur d'une neige infondable des bleuets et des coquelicots, au contact de cette même neige Chloé tousse. Le piège a fonctionné. Un « je n'aime pas cette neige » échappe à l'homme Nicolas.

Détail : le toucher du velours comme équivalent érotique (on le trouve dans l'*Automne à Pékin*) ressortit au fonds commun surréaliste.

XXVII. Chloé a mal dormi, car la fontanelle du carreau laissait passer encore un courant d'air, et au matin elle avait la poitrine pleine de neige.

XXVIII. Rupture dans la linéarité du récit. Conférence de Jean-Sol Partre. Des gens qui veulent y assister se font massacrer avec système. Le public « régulier » est décrit en deux phrases sans complaisance. Chick, qui remplace le concierge, Alice et Isis sont présents. Partre arrive à dos d'éléphant, les gardes lui fraient un passage à coups de hache, un photographe est atomisé par ses confrères. Pendant la conférence Isis apprend d'Alise que Chloé est malade et que le voyage de noces va être écourté. Le toit de la salle s'effondre et Partre rit. Il y a une bête dans l'enregistreur de Chick.

XXIX. Dans l'appartement de Colin les soleils entrent décidément moins bien et la lumière s'affaiblit. La souris grise à moustaches noires fait en grattant briller de nouveau un des carreaux ternis mais elle s'y ensanglante les mains. Chloé est pleine de projets pour l'après-midi. Colin s'aperçoit que son coffre ne contient plus que 35 000 doublezons. Il est inquiet.

XXX. Nicolas, Chloé et Colin en promenade. Ils prennent au passage Isis, Chick et Alise. Les femmes vont faire des courses dans les magasins, accompagnées de Nicolas, puis rejoindront Colin et Chick à la patinoire. En même temps qu'elle parle de neige, Chloé porte la main à sa poitrine. La liaison Isis-Nicolas s'affirme, cf. XXIII.

XXXI. A la patinoire, Colin est appelé au téléphone : Chloé a eu une syncope. Très vite le cauchemar : les parois de la cabine se resserrent, menaçant de broyer Colin et Chick; le garçon d'étage est lent et Colin le décapite d'un coup de son pied chaussé encore du patin, et crache sur son cadavre. Même Colin le cathare n'a pas échappé à la loi commune, qui est celle du meurtre.

Après le temps d'accélération pendant lequel Colin agit, temps de décélération : l'aération bloquée par la tête du garçon d'étage, les hommes de la machinerie sortent sur la piste et s'écroulent, sous le regard de Chick. Le sang coule sous la porte de la cabine où a été jeté le corps.

XXXII. Comme la vitesse du patineur, au début, allongeait son corps, maintenant celle de Colin se précipitant chez lui fait que les gens à ses yeux s'inclinent et tombent; elle fait aussi la nuit. Discours indirect libre : interrogation angoissée de Colin. Après cette accumulation d'ombre, Chloé, dans le lit de leurs noces, est calme et claire.

XXXIII. Chloé lutte par l'amenuisement des gestes et de la respiration contre l'ennemi installé dans son thorax. Colin passe *The mood to be wooed*; la lumière de la lampe et la musique transforment la chambre en sphère, littéralement. La scène intimiste est doublement transfigurée : par sa douceur, par la comparaison de la rencontre de la lumière et de l'ombre avec la barre d'un fleuve : « A l'endroit où les fleuves / se jettent dans la mer, // il se forme une barre / difficile à franchir // et de grands remous écumeux / où dansent les épaves [1]... »

XXXIV. Un médecin arrive. Nicolas lui fait goûter un « reconstituant » de sa fabrication, destiné en fait à la désin-

1. Seule référence interne à éclairer, peut-être, le titre du roman; cependant, p. 153, « ... on avait l'impression d'être sur la crête d'une vague qui crève ». Plus significative me paraît cette autre référence : « Jusqu'à plus ample informé l'*argent enfantin* n'est que l'*écume* de la vague », André Breton, « Violette Nozières » (1933), in *Clair de Terre*, Paris, Gallimard, 1966, p. 154. *Herbe rouge*, p. 132 : « ... jamais vous ne saurez qu'il y a un moment... où la nuit et le jour... forment une barre de fièvre pareille à celle que font les fleuves à la rencontre de l'Océan ».

fection. Comme il a l'air stupide, Nicolas se débarrasse de lui, qui a demandé au professeur Mangemanche de venir, et c'est à ce dernier que Colin ouvre. Curieux médecin, qui associe correctement Chloé à *Chloé*, infère avec justesse que si la chambre est ronde c'est qu'on a joué de l'Ellington, mais semble très peu assuré de son propre diagnostic. Chloé a quelque chose au poumon droit qu'il ne pourra préciser qu'après un examen chez lui. Il lui faudra remettre ses appareils en état car il s'intéresse surtout au montage de modèles réduits d'avions. Pour consoler Colin, il lui montre la photo de sa femme, et de fait Colin s'écroule de rire.

XXXV. Colin et Chick portent à l'officine l'ordonnance de Mangemanche. Ici s'explicite le mélange de viscéral et de mécanique repris de l'imagerie surréaliste et naturalisé par Vian à son usage : « ... un animal composite, mi-chair, mi-métal, s'épuisait... », « ... sous une peau transparente, on distinguait des côtes tubulaires d'acier mince... » Ce lapin modifié mange, on s'y attend, des carottes chromées.

Colin apprend, et il en éprouve une grande lassitude, que Chick a dépensé pour des Partre la majeure partie des 25 000 doublezons destinés à son mariage. Il sait maintenant qu'il n'y a rien à faire. Il comprend aussi que ce que Chloé a dans le poumon est d'espèce végétale. Colin est saisi d'une façon d'épuisement, et pour la première fois il dit Non.

XXXVI. Colin et Chloé chez eux. Il la soigne; les pilules aussi sont vivantes.

XXXVII. Ils font, malgré l'interdiction, l'amour. Chacun à son tour a dit : « C'est pas ma faute ».

XXXVIII. Ils partent à pied chez le médecin. Chloé a remarqué que la lumière dans l'appartement a faibli et Colin a détourné son attention. *Peut-être Colin travaillera-t-il.* Ils arrivent dans le « quartier médical »; la rue est un canal couvert d'une grille et dans lequel alcool et éther charrient les déchets sanieux. Mangemanche a pour enseigne une mâchoire en train d'engloutir une pelle : armes parlantes. Le sol est émaillé, le plafond chromé, l'infirmière s'appelle Carogne. La réaction de Chloé au traitement affermit Mangemanche dans un diagnostic qu'il a dû poser déjà. Il examine

Chloé avec un radioscope à l'écran d' « argent rouge ». Un instant, entre Colin et Chloé, s'interpose une sorte de rideau d'énergie.

XXXIX. On comprend qu'il s'agit de quelque chose de grave. Mangemanche manifeste de l'émotion. Nicolas vient chercher Colin et Chloé.

XL. C'est par la conversation avec Nicolas dans la voiture que le lecteur apprend ce qu'a Chloé dans le poumon droit : un nénuphar. Elle doit respirer des fleurs, elle ne doit pas boire. Nicolas après Colin est atterré.

XLI. Alise rend visite à Chloé. Elle remarque non seulement que la lumière a faibli mais que l'appartement rétrécit, et que Nicolas est passé de vingt-neuf à trente-cinq ans. La chambre de Chloé est pleine de fleurs *(La faute de l'Abbé Mouret** *?)*. Colin est sorti chercher du travail : les fleurs dévorent son avoir. Il y a entre les deux jeunes femmes un échange doux-amer. Alise est au premier plan cette fois. Elle aime Chick, Chick aime mieux ses livres. Chloé : « Si je n'avais pas épousé Colin, j'aimerais tellement que ce soit toi qui vives avec lui ».

XLII. Chick chez un libraire. Sa bibliophilie est pur fétichisme, une manie au sens médical du terme. Il ne peut s'empêcher de dépenser 1 000 doublezons pour des reliques de Partre, dont un pantalon. On se rend compte (cf. chap. XXVIII) que le roman n'est pas absolument linéaire mais « branchu » : le couple Alise-Chick et, plus à l'arrière-plan, le couple Isis-Nicolas.

XLIII. Chick chez Colin. Lui aussi remarque l'amoindrissement du monde de Colin. Après Gouffé, c'est, décadence, Pomiane qui règne sur les menus de Nicolas, lequel s'est mis à parler avec vulgarité. Chloé est partie pour la montagne. L'oncle qui donnait à Chick de l'argent est mort, Chick lui-même a un nouveau poste, moins bien payé. Colin cherche du travail; il est distrait, il est au-delà du découragement; « les choses vont mal d'elles-mêmes ». Description de l'appartement rétréci, terni : la souris a froid. Colin a signé l'engagement de Nicolas chez les Ponteauzanne; Nicolas pleure.

XLIV. Colin éconduit dans une demande d'emploi. Monde qu'on dirait volontiers, pour une fois, kafkaïen : l'administration comme paranoïa. Pour finir, une image de mort.

XLV. Colin vend le pianocktail. Le thème de la démythification du travail réapparaît (« Ça rabaisse l'homme au rang de la machine »). Et de nouveau Colin manifeste son scepticisme profond quant à la possibilité que Chloé guérisse, que les choses redeviennent ce qu'elles étaient. L'antiquaire lui offre une somme que Colin juge trop élevée (récurrence, à personnages inversés, de la scène de l'apothicaire); ils transigent à 2 500 doublezons [1].

XLVI. Le four de Nicolas aussi se viscéralise. Colin reçoit une lettre de Chloé. Les deux hommes discutent avec affection, dans un mélange de tons qui tient simplement à la présence ou à l'absence du *ne* de la négation. Nicolas ira chez les Ponteauzanne.

XLVII. Chloé, rentrée, reçoit la visite de Mangemanche. On a extrait en montagne son nénuphar, mais le poumon est perdu; si l'autre à son tour est pris... Le thème du travail réapparaît dans la conversation Colin-Mangemanche.

XLVIII. Chick arrive à son usine. Les machines y sont des dévoreuses d'hommes, les ouvriers littéralement attachés à chacune d'elles, qui tend sans cesse à les happer. L'atmosphère n'est respirable qu'au prix d'une purification permanente par des jets d'essences. L'un de ces jets, qui est du ressort de Chick, s'interrompt et quatre machines s'arrêtent cependant que leurs servants meurent [2]. Le temps que Chick fasse son rapport, le rendement de son atelier nécessairement baisse, et Chick est renvoyé. *Les temps modernes* de Chaplin, tirage en noir, le Ford de Bardamu *.

Le thème du travail de nouveau : « Je n'y tiens pas, dit Chick. Je ne tiens pas à travailler. Je n'aime pas ça. - Personne n'a le droit de dire ça, dit le chef de la production. Vous

1. Cf. Henri Michaux, *Un barbare en Asie*, Paris, Gallimard, p. 180 de la réédition de 1967.
2. Comme les machinistes de la patinoire, en XXXI.

êtes renvoyé, ajouta-t-il. - Je n'y pouvais rien, dit Chick. Qu'est-ce que c'est que la justice? - Jamais entendu parler, dit le chef de la production. *J'ai du travail*, il faut dire ».

On donne à Chick le salaire dû : 110 doublezons.

XLIX. Chick en dépense 105 pour la gravure d'enregistrements de Partre. « Les yeux de Chick s'éteignaient dans sa figure ».

L. Isis, conduite par Nicolas qui a rajeuni, rend visite à Chloé. A l'étage de Colin, l'escalier a diminué de largeur; les marches, le parquet de l'appartement, giclent d'humidité. Colin dort par terre dans l'entrée. L'autre poumon de Chloé est pris. Lorsqu'elle respire l'œillet qu'Isis porte dans sa chevelure, celui-ci tombe en poussière. Les deux jeunes femmes parlent d'un mariage possible entre Isis et Nicolas, mais les parents d'Isis n'osent déclarer leur vœu. Colin apporte des lilas.

LI. Colin cherche du travail.

TEXTE 2

Les cheminées se rapprochaient. Colin sentait son cœur virer dans sa poitrine comme une bête enragée. Il serra le journal à travers l'étoffe de sa poche.

Le sol glissait et se dérobait sous ses pieds, mais il enfonçait moins et la route durcissait perceptiblement. Il aperçut la première cheminée près de lui, fichée en terre comme un pal. Des oiseaux foncés tournaient autour du sommet d'où s'échappait une mince fumée verte. A la base de la cheminée, un renflement arrondi assurait sa stabilité. Les bâtiments commençaient un peu plus loin. Il n'y avait qu'une porte.

Il entra, gratta ses pieds sur une grille luisante aux lames acérées et suivit un couloir bas, bordé par des lampes à lumière pulsée. Le carrelage était de briques rouges, et la partie supérieure des murs était, ainsi que le plafond, garnie de plaques de verre de plusieurs centimètres d'épaisseur, à travers lesquelles on entrevoyait des masses sombres et immobiles. Tout au bout du couloir, il y avait une porte. Elle portait le numéro indiqué dans le journal, et il entra sans frapper, comme le recommandait l'annonce.

Un vieil homme en blouse blanche, les cheveux embroussaillés, lisait un manuel derrière son bureau. Des armes variées pendaient au mur, des jumelles brillantes, des fusils à feu, des lance-mort de divers calibres, et une collection complète d'arrache-cœurs de toutes les tailles.

- Bonjour, monsieur, dit Colin.

- Bonjour, monsieur, dit l'homme.

Sa voix était cassée et épaissie par l'âge.

- Je viens pour l'annonce, dit Colin.

- Ah? dit l'homme. Voilà un mois qu'elle passe sans résultats. C'est un travail assez dur, vous savez...

- Oui, dit Colin, mais c'est bien payé !

- Mon Dieu ! dit l'homme. Cela vous use, voyez-vous, et cela ne vaut peut-être pas le prix, mais ce n'est pas à moi de dénigrer mon administration. D'ailleurs, vous voyez que je suis encore en vie...

- Vous travaillez depuis longtemps? dit Colin.

- Un an, dit l'homme. J'ai vingt-neuf ans.

Il passa une main ridée et tremblante à travers les plis de son visage.

- Et maintenant, je suis arrivé, voyez-vous... je peux rester à mon bureau et lire le manuel toute la journée...

- J'ai besoin d'argent, dit Colin.

- Cela est fréquent, dit l'homme, mais le travail vous rend philosophe. Au bout de trois mois vous en aurez moins besoin.

- C'est pour soigner ma femme, dit Colin.

- Ah? Oui? dit l'homme.

- Elle est malade, expliqua Colin. Je n'aime pas le travail.

- Je regrette pour vous, dit l'homme. Quand une femme est malade, elle n'est plus bonne à rien.

- Je l'aime, dit Colin.

- Sans doute, dit l'homme. Sans ça vous ne voudriez pas travailler. Je vais vous indiquer votre poste. C'est à l'étage au-dessus.

Il guida Colin à travers des passages nets aux voûtes surbaissées et des escaliers de brique rouge, jusqu'à une porte, voisine d'autres portes, qui était marquée d'un symbole.

- Voilà, dit l'homme. Entrez, je vais vous expliquer le travail.

Colin entra. La pièce était petite, carrée. Les murs et le sol étaient de verre. Sur le sol, reposait un gros massif de terre en forme de cercueil, mais très épais, un mètre au moins. Une lourde couverture de laine était roulée à côté par terre. Aucun meuble. Une petite niche pratiquée dans le mur renfermait un coffret de fer bleu. L'homme alla vers le coffret et l'ouvrit. Il en retira douze objets brillants et cylindriques avec un trou au milieu, minuscule.

- La terre est stérile, vous savez ce que c'est, dit l'homme, il faut des matières de premier choix pour la défense du pays. Mais, pour que les canons de fusil poussent régulièrement, et sans distorsion, on a constaté, depuis longtemps, qu'il faut de la chaleur humaine. Pour toutes les armes, c'est vrai, d'ailleurs.

- Oui, dit Colin.

- Vous pratiquez douze petits trous dans la terre, dit l'homme, répartis au milieu du cœur et du foie, et vous vous étendez sur la terre après vous être déshabillé. Vous vous recouvrez avec l'étoffe de laine stérile qui est là, et vous vous arrangez pour dégager une chaleur parfaitement régulière.

Il eut un rire cassé et se tapa la cuisse droite.

- J'en faisais quatorze les vingt premiers jours de chaque mois. Ah !... j'étais fort !...

- Alors ? demanda Colin.

- Alors vous restez comme ça vingt-quatre heures, et au bout de vingt-quatre heures, les canons de fusil ont poussé. On vient les retirer. On arrose la terre d'huile et vous recommencez.

- Ils poussent vers le bas ? dit Colin.

- Oui, c'est éclairé en dessous, dit l'homme. Ils ont un phototropisme positif, mais ils poussent vers le bas parce qu'ils sont plus lourds que la terre, alors on éclaire surtout en dessous pour ne pas qu'il y ait de distorsion.

- Et les rayures ? dit Colin.

- Ceux de cette espèce-là poussent tout rayés, dit l'homme. Ce sont des graines sélectionnées [1].

1. *Op. cit.*, p. 141-143.

La structure du texte 2 est tout à fait analogue à celle du précédent : l'approche d'un paysage, la description de celui-ci, un long dialogue à deux versants.

Lignes 1-28. A une analyse d'un degré plus fine, d'autres récurrences apparaissent. D'abord en ce qu'il s'agit d'un paysage sinistre [1], une usine d'armement, on va le comprendre peu à peu; les cheminées sont fichées en terre comme des pals, les oiseaux sont foncés, les lames de l'essuie-pieds acérées. Rappels et équivalences encore : la fumée *verte* (comme le cuivre), la lumière *pulsée* [2] (comme les tuyaux étaient *ovales*; ceci date d'avant l'invention des lasers!).

Le ton garde quelque chose, dès que le texte revient au pur compte rendu visuel, du récit, du constat de voyageur à la Jules Verne. Les premiers objets cités, cheminées, sol, route, sont traités grammaticalement en syntagmes actifs. Mais Colin cette fois ne fait pas que traverser en étranger le paysage, il s'y enfonce, *en quête de travail*, et son cœur « vire dans sa poitrine comme une bête enragée »; tout à la fin du chapitre, il ferme les yeux et ses lèvres tremblent.

Allitération *gratta-grille;* l'éclat froid du métal : la grille, les jumelles, plus loin les graines de canons. La chose militaire : un manuel, une collection d'armes dont la nomenclature est « parlante », parmi elles des arrache-cœurs.

Lignes 29-59. Dans cette première articulation du dialogue entre Colin et l'homme, après l'échange d'un salut identique, noter tout de suite la reprise presque littérale du premier texte : « C'est un travail assez dur, vous savez... - Oui, dit Colin, mais c'est bien payé ! », avec l'ironie que ce soit Colin qui réponde.

Un second trait à relever, on verra plus tard son importance, c'est l'oscillation de l'homme entre deux attitudes. L'une est celle de quelqu'un intégré au système; on lui a pris sa jeunesse et cependant il se félicite : « Je suis *arrivé*, voyez-vous », au sens social, évidemment, « Je peux rester à mon bureau et lire le manuel... »; c'est ce même homme déshumanisé, déconscientisé, qui profère sentencieusement, avec la cruauté du « bon sens » : « Quand une femme est malade,

1. Le « tableau » de l'usine fait pendant à celui de la mine.
2. *Automne*, p. 121 : « La grande Ourse, avachie, jaunâtre, émettait une lumière pulsée de faible ampérage... »

elle n'est plus bonne à rien ». L'autre trahit un reste d'aptitude à la compréhension d'autrui (fréquence, d'ailleurs, des incises *voyez-vous*, *savez-vous*) et à la conscience de l'aliénation : « Cela vous use, et cela ne vaut peut-être pas le prix... », « Je regrette pour vous... », « Sans doute, sans ça vous ne voudriez pas travailler », qui amène Colin à se justifier une fois de plus, pas seulement pour lui-même : « Je n'aime pas le travail, j'aime Chloé ».

Le troisième, bien sûr, c'est la manifestation chez Vian d'un antimilitarisme aussi entier que son antichristianisme (seul signe avant-coureur, mais discret : les trois couleurs dans le paysage truqué). Que l'homme à la voix et au rire *cassés* qui passe « une main ridée et tremblante à travers (expressivité de la locution) les plis de son visage » ait vingt-neuf ans, et que ce vieillissement soit le résultat d'un an au service de la patrie, découvre une terrifiante contrepartie : on n'est pas à bon compte un fonctionnaire de la mort sociale. De la mort surajoutée; comme si ce n'était pas assez de la mort ontologique ! Absurdité au deuxième ou au troisième degré : sauver la vie de Chloé en détruisant celle de Colin par un travail dont la finalité même est de destruction, - le travail le plus « travail [1] ».

Lignes 59-105. Les deux hommes pénètrent dans la partie fabricatrice de l'usine de mort (la ligne 69 répond à la ligne 19); leur dialogue prend un tour très particulier, irrésistiblement technologique. Les hommes, - les individus masculins -, sont fascinés par la technique, et Colin lui-même, les armées d'aujourd'hui connaissent ce mode de séduction, ne peut s'empêcher de poser des questions précises, pertinentes selon la logique de la situation.

Manifestation d'antimilitarisme foncier, manifestation en même temps d'un exceptionnel pouvoir d'invention. Car l'imagination saute ici, fût-ce aux yeux du lecteur le plus myope, de la gratuité surréaliste [2] à la pleine signifiance de l'allégorie. L'image centrale est étiologique * : la défense nationale se nourrit de « chaleur humaine », page 143 et page 144.

1. Vian : « La guerre est la forme la plus dégradante du travail puisque l'on y travaille à rendre nécessaire de nouveaux travaux », note publiée dans le n° 39-40 de *Bizarre*, p. 147. Même idée chez George Orwell, *1984* (cf. p. 109); elle a été très fortement argumentée par Lewis Mumford.
2. Qui n'est pas sans charmes ni sans fonctions; voir le chap. 3.

Des détails apparemment inutiles révèlent leur cohérence : les graines de canons de fusils sont douze comme les balles d'un peloton d'exécution [1], dont la cible ordinaire est la zone cœur-foie, le massif de terre a la forme d'un cercueil, et la terre elle-même est stérile; un peu plus loin, page 146, dérision de la dérisoire fleur au fusil des partants de 14, des roses poussent au bout des canons couvés par Colin, et comment n'en serait-il pas ainsi puisqu'il ne rêve que de fleurs pour guérir Chloé ? Mais celles-ci sont d'acier, et il s'y déchire la main, et il saigne. Il y a ici quelque chose comme une surdétermination de l'image : la fleur au fusil, les fleurs pour Chloé, l'acier vivant et meurtrier... Le délire surréaliste asservi à un dessein.

LII. Information incidente sur le monde de la défense nationale : les fusils et les cartouches en cours de fabrication ne correspondent pas; on continue de produire des engins démodés qu'on prend beaucoup de peine ensuite à démolir.[2] Comme la caricature de l'usine, comme toute caricature, celle-ci est profondément vraie.

Colin ne reprendra pas son travail, à cause des roses d'acier.

LIII. Alise chez Colin. Chick l'a renvoyée. Elle se met nue pour s'assurer à travers Colin de sa propre beauté. Mais Chick a changé, et de toute façon les livres ont été les plus forts. Deux rappels. L'un du thème du travail : « Tu ne dois pas travailler. - Mais j'aime Chick, dit Alise. J'aurais travaillé pour lui. - Ça ne sert à rien, dit Colin », qui manifeste, entre autres choses, la parenté de la relation de Colin à Chloé et d'Alise à Chick. L'autre, du possible non accompli : il eût pu y avoir un couple Alise-Colin (Chloé, p. 113).

LIV. Chick enfermé avec ses livres et reliques de Partre. Sa pensée va par intermittences à Alise, chaque fois en relation quelconque avec Partre et aussi au fait qu'il n'a pas payé ses impôts; une pensée de maniaque mais qui charrie sur l'organisation sociale (« C'est un cercle vicieux à briser... ») des opinions proches de celles de Colin.

1. P. 152, leur égalisateur à *douze* giclées. *Cantilènes*, p. 87 : Et les *douze* trous des projectiles...
2. *Herbe rouge*, p. 60-61 : « ... la remarquable solution imaginée... pour éliminer totalement les difficultés résultant d'une surproduction de métal à faire les machines ».

De sa fenêtre il constate sans y prêter attention que des fumées s'élèvent par place au-dessus des toits, des fumées de papier.

LV. Le sénéchal de la police part avec six de ses « agents d'armes » pour une expédition (punitive) de recouvrement d'impôts, chez Chick. On pourrait être près d'*Orion le tueur* *, on l'est de *Fahrenheit* 451 * : en LIV, idée de Chick d'apprendre par cœur un texte menacé; dans le présent chapitre, agents d'armes dépersonnalisés par la fonction, l'uniforme, le règlement et même le nom; loi et arbitraire intrinsèquement associés; violence toute prête, à commencer par la « violation de domicile »; en LIX, la destruction des livres.

LVI. « En regardant Colin s'éloigner, Alise lui disait au revoir de toutes ses forces dans son cœur ». Elle médite sur la relation de Chick à Partre, sur ce que c'est qu'écrire pour Partre et ses amis. Elle entre dans le « débit » élu par l'écrivain, s'assied à côté de lui, lui demande de ralentir sa production, et sur son refus le tue avec l'arrache-cœur de Chick. La scène a le calme parfait du cauchemar récurrent; après une simple protestation de principe, qui fait penser d'ailleurs à une réplique des *Mains sales*, la victime consent en quelque sorte au meurtre, lequel n'est pour le garçon qu'une occasion d'essuyer la table de cette « cochonnerie » que font le sang et l'encre mêlés.

LVII. Alise arrache le cœur d'un libraire dont Chick était le client. C'est le quatrième qu'elle tue, et la quatrième librairie qu'elle incendie.

LVIII. Le sénéchal et ses agents arrivent chez Chick. Un tiers de page : accélération du scénario.

LIX. Chick regarde les colonnes de fumée. A cause d'une photo sur laquelle pour lui les traits de Partre se superposent à ceux d'Alise, il ouvre au sénéchal sa porte verrouillée. Son arrache-cœur a été pris par Alise, et son tue-fliques est inutilisable. (Il aurait pu l'utiliser. Comme toute paranoïa, celle de la police a sa règle du jeu, sa logique : « Dites-donc, dit le sénéchal, pourquoi est-ce que vous ne vous servez pas de votre tue-fliques ? Vous savez très bien que le papier porte : Violation de domicile ».) Courant au secours de ses livres, Chick est tué. La destruction des livres continue.

LX. Nicolas à la poursuite d'Alise. Il ne retrouve d'elle, dans la dernière librairie incendiée, à côté de la maison de Chick, que sa chevelure éblouissante.

LXI. Colin gardien de la Réserve d'Or; il faut en faire le tour, ce qui prend tout un jour, et crier au passage des voleurs.

LXII. Dans l'appartement rétréci comme un viscère à adhérences et anastomoses, Isis et Nicolas rendent visite à Chloé. Nicolas sait que Chick et Alise sont morts et que Chloé va mourir. Il embrasse la souris. Colin rentre avec des fleurs. Nicolas pleure.

LXIII. Colin gagne beaucoup d'argent maintenant à annoncer officiellement aux gens leurs malheurs du jour à venir *(It's happened to-morrow* *[1]*)*. Chaque fois on l'injurie, on le frappe, il ne voit plus que la laideur.

Et l'argent est venu trop tard : il trouve sur la liste son propre nom.

LXIV. Colin voit le Religieux pour l'enterrement. « Chloé est morte » (cinq fois) alterne avec le marchandage; à dix reprises mention est faite de l'argent ou d'un prix. Pour les cent cinquante doublezons auxquels Colin s'engage, « ce sera une cérémonie véritablement infecte ».

LXV. Le début du chapitre reste dans la même logique : l'Église d'avant Vatican II, l'Église vénale, où tout le monde trouve naturel qu'il y ait des *classes*, le mot était parfait, de mariages et d'enterrements. Un enterrement de pauvre, donc; une boîte noire qu'on jette par la fenêtre, des porteurs sales, un camion rouge roulant trop vite, un conducteur qui chante à tue-tête; le cercueil laissé à l'extérieur de l'église; le Religieux qui *s'agite*... Tout cela lié expressément au prix payé.

1. Le film de René Clair, période américaine. Et plus tard, en 1951, *Le dimanche de la vie* *, de Raymond Queneau.

Suit un dialogue entre Colin et Jésus (cf. p. 60) que d'aucuns sans doute trouvent simpliste puisqu'il reprend le vieil argument également « simpliste » de la souffrance imméritée. Peut-être vaut-il la peine d'y regarder de plus près. En premier dans sa qualité verbale. Interrogation pressante chez Colin (*demanda*, trois fois), élusion chez Jésus (pas une seule fois *répondit*, mais « je n'ai aucune responsabilité là-dedans... Si nous parlions d'autre chose... Ce n'est pas nous, en tout cas... N'insistez pas... Ça n'a aucun rapport avec la religion »). Il a fallu rien de moins que la mort de Chloé pour que Colin remette en question une certaine image de l'ordre du monde qui était aussi la sienne (la scène de la patinoire, tout au début); sa réaction au mythe chrétien est beaucoup plus tardive, beaucoup moins argumentée, qu'au mythe du travail; mais dans l'un et l'autre cas il tient le même type de discours sans artifice aucun, il parle à voix nue. Il ne cherche pas à poser le problème général; c'est Chloé qui est morte et c'est le couple Colin-Chloé qui est détruit (« Nous ne méritions pas cela... »).

La détestation du catholicisme est certes patente chez Vian. Elle peut s'exprimer d'abord à propos de la statue vivante par la cocasserie cohérente des notations (« Il chercha une position plus commode sur ses clous... Il secoua un peu la tête pour changer l'inclinaison de sa couronne d'épines... »), plus profondément par l'insistance sur un ennui ou institutionnel (« Il *avait l'air* de s'ennuyer...) ou motivé dans l'immédiat par l'interrogation de Colin (« Il *paraissait* gêné... et *semblait* s'ennuyer... marmonna... en bâillant...), se durcir enfin dans l'image vengeresse du chat repu. Et pourtant les prémisses telles qu'il les a posées amènent Vian à répartir les répliques avec une espèce d'équité. Quand Colin rappelle en incidente au Christ qu'il l'avait invité à son mariage, il s'abaisse lui-même au niveau du contrat tacite, du donnant-donnant de la religiosité traditionnelle, je te brûle un cierge, tu exauces mon vœu. De façon réciproque la dernière réplique de Jésus : « Ça n'a aucun rapport avec la religion », on peut bien la considérer comme une dernière dérobade, il y a, je suppose, des chrétiens authentiques qui la leur feraient. Mais, bien sûr, en fin de compte, *Jésus ne répondit pas*.

Le trait le plus subtil, le plus intéressant, qui manifeste

une fois de plus sous l'articulation romanesque la possibilité que circule un message direct de l'auteur au lecteur, tient à un seul mot : « Ce n'est pas *nous*, en tout cas, dit Jésus ». Il y suffit d'un pluriel : dans le mépris de Vian, l'Église tout entière vue comme société anonyme; et dans cette entreprise au sens capitaliste Jésus n'est peut-être pas celui qui détient le pouvoir, comme on dit aujourd'hui, de décision [1].

Les dernières lignes reprennent la charge liturgique, l'ultime additionnant un rappel de la vénalité de l'office et la variation paradigmatique amère par laquelle des cailloux remplacent les dragées.

LXVI. Le convoi, symétrique et inverse de celui du mariage; les gens ne se retournent plus, le camion rouge saute et pétarade, et d'ailleurs Colin vit en arrière. Le cimetière est dans une île, un San Michele * de cauchemar, un Boecklin * adultéré. De la planche qui sert à y accéder, Colin aperçoit au fond de l'eau un nénuphar. Les porteurs vident dans la fosse le contenu de la boîte noire et cependant que la terre s'éboule, le Chuiche, le Bedon et les porteurs disparaissent en farandole. Tout ce texte, presque insoutenable pour quiconque a accepté d'entrer dans le livre, est très travaillé; pouvoir d'imagination et pouvoir de langage s'y conjoignent et conjuguent comme rarement.

LXVII et **LXVIII** : texte 3.

TEXTE 3

La souris grise à moustaches noires fit un dernier effort et réussit à passer. Derrière elle, d'un coup, le plafond rejoignit le plancher et de longs vermicules de matière inerte jaillirent en se tordant lentement par les interstices de la suture. Elle déboula en toute hâte à travers le couloir obscur de l'entrée dont les murs se rapprochaient l'un de l'autre en flageolant, et parvint à filer sous la porte. Elle atteignit l'escalier, le descendit; sur le trottoir, elle s'arrêta. Elle hésita un instant, s'orienta, et se mit en route dans la direction du cimetière.

1. Jésus et Dieu ne sont pas identifiés : p. 59, la troisième vision du scenic railway est celle de Dieu; p. 167, « Je devrais vous conseiller de vous adresser à Dieu, mais j'ai peur que pour une si faible somme, ce ne soit contre-indiqué de le déranger ».

LXVIII

- Vraiment, dit le chat, ça ne m'intéresse pas énormément.

- Tu as tort, dit la souris. Je suis encore jeune, et jusqu'au dernier moment, j'étais bien nourrie.

- Mais je suis bien nourri aussi, dit le chat, et je n'ai pas du tout envie de me suicider, alors tu vois pourquoi je trouve ça anormal.

- C'est que tu ne l'as pas vu, dit la souris.

- Qu'est-ce qu'il fait ? demanda le chat.

Il n'avait pas très envie de le savoir. Il faisait chaud et ses poils étaient tous bien élastiques.

- Il est au bord de l'eau, dit la souris, il attend, et quand c'est l'heure, il va sur la planche et il s'arrête au milieu. Il voit quelque chose.

- Il ne peut pas voir grand-chose, dit le chat. Un nénuphar, peut-être.

- Oui, dit la souris, il attend qu'il remonte pour le tuer.

- C'est idiot, dit le chat. Ça ne présente aucun intérêt.

- Quand l'heure est passée, continua la souris, il revient sur le bord et il regarde la photo.

- Il ne mange jamais ? demanda le chat.

- Non, dit la souris, et il devient très faible, et je ne peux pas supporter ça. Un de ces jours, il va faire un faux pas en allant sur cette grande planche.

- Qu'est-ce que ça peut te faire ? demanda le chat Il est malheureux, alors ?...

- Il n'est pas malheureux, dit la souris, il a de la peine. C'est ça que je ne peux pas supporter. Et puis il va tomber dans l'eau, il se penche trop.

- Alors, dit le chat, si c'est comme ça, je veux bien te rendre ce service, mais je ne sais pas pourquoi je dis « si c'est comme ça », parce que je ne comprends pas du tout.

- Tu es bien bon, dit la souris.

- Mets ta tête dans ma gueule, dit le chat, et attends.

- Ça peut durer longtemps ? demanda la souris.

- Le temps que quelqu'un me marche sur la queue, dit le chat ; il me faut un réflexe rapide. Mais je la laisserai dépasser, n'aie pas peur.

La souris écarta les mâchoires du chat et fourra sa tête entre les dents aiguës. Elle la retira presque aussitôt.

- Dis donc, dit-elle, tu as mangé du requin, ce matin ?

- Écoute, dit le chat, si ça ne te plaît pas, tu peux t'en aller. Moi, ce truc-là, ça m'assomme. Tu te débrouilleras toute seule.

Il paraissait fâché.

- Ne te vexe pas, dit la souris.

Elle ferma ses petits yeux noirs et replaça sa tête en position. Le chat laissa reposer avec précaution ses canines acérées sur le cou doux et gris. Les moustaches noires de la souris se mêlaient aux siennes. Il déroula sa queue touffue et la laissa traîner sur le trottoir.

Il venait, en chantant, onze petites filles aveugles de l'orphelinat de Jules l'Apostolique [1].

Ainsi s'achève la tragédie de Colin et Chloé, par un équivalent du « récit ». Litote toute classique ; il en est, dans le livre, d'autres exemples. On n'a pas vu Alise mourir, ni Chloé, on n'assistera pas davantage à la mort de Colin ni de la souris, qui est parfaitement assurée, inscrite. Chick, ça a été autre chose ; le personnage n'était pas de ceux auxquels le lecteur ingénu s'identifie, et sa mort, c'est la société qui la lui a portée.

Le texte, l'ensemble des deux chapitres, répète en gros l'organisation des deux précédents, un paragraphe de narration-description, puis un long dialogue.

Lignes 1-11. Le doux petit génie, la pelote de tendresse qui témoigne du pacte possible entre les vivants,[2] quitte son lieu déserté, obscurci, défiguré. L'appartement derrière elle achève sa métamorphose en viscère *(suture)* minéral. Contraste significatif entre le jaillissement de la matière, qui laisserait penser à une espèce de vie, et son épithète, *inerte.* La vie de la mort, en quelque sorte.

Lignes 12-60. D'une pierre deux coups. D'une part un dialogue pour rapporter par vision interposée [3] la mort de Colin. Et d'autre part, à la place de Théramène et Thésée, un couple,

1. *Op. cit.*, p. 172-174.
2. L'*Herbe rouge*, p. 183-184.
3. Cf. le récit du mendiant à la fin d'*Électre*, de Giraudoux. Il raconte *au passé* ce qui *est en train* d'arriver.

car qui dit souris dit chat, sorti de la mythologie enfantine. Ce serait, s'il n'était question de mort, d'un délicieux comique, à la Marcel Aymé. Cela reste, de fait, comique, mais de cette espèce déjà signalée **(p. 23)** dont la fonction est de suspendre le pathos, ici de dévoiler la souffrance en la masquant, en la moquant. En face d'une souris qui est en elle-même ce pacte dont on a parlé, le réceptacle fragile, le concentré de ce qu'il y a de douceur dans le monde des vivants, en face d'une souris, donc, peu commune, un chat qui l'est davantage mais pas tout à fait; le confort l'a comme épuré de son attribut de cruauté : il est assez bien nourri pour qu'une souris s'offrant, même dodue, ne suscite pas chez lui d'appétit.

Noter au passage, ligne 30 : « C'est idiot », qui est un des tics langagiers de Colin et de son petit cercle et, ligne 39, la correction douce-amère apportée par la souris. Que veut-elle dire? Que *malheureux* est banal et à côté de la question, s'agissant d'un Colin au-delà du malheur [1]?

Procédé, relevé déjà lui aussi, de l'éclairage décalé; la ligne 17 explique la ligne 14, elle amène le lecteur à s'y reporter, et à la savourer; ligne 20, « Qu'est-ce qu'*il* fait? » renvoie à une partie non rapportée du dialogue; «Il faisait chaud et ses poils... » fournit par simple juxtaposition la causalité de « Il n'avait pas très envie de le savoir ».

Le plus important cependant pour la recherche des récurrences est l'allure qu'a prise la conversation, homologue à celle du texte 2. Car le chat, comme l'homme à la blouse blanche, oscille entre deux attitudes. Attitude du chat rassasié, qui refuse avec détermination de voir et d'entendre quoi que ce fût qui pourrait, même de loin, suggérer que le système dans lequel il a trouvé une si confortable case n'est pas le meilleur des mondes : reflet de l'attitude de l'homme intégré. Attitude, comme malgré lui, de curiosité d'autrui et sympathie : reflet de l'attitude de l'homme aux *vous savez*. Ainsi que pour ce dernier, l'alternance est marquée dans la même laisse verbale : « Qu'est-ce que ça peut te faire? // Il est malheureux, alors? », « Alors, si c'est comme ça, je veux bien te

1. Cf. p. 123 : « Si mes frais s'arrêtaient d'augmenter..., dit Colin, et il se reprit : ... si mes frais cessaient de croître... » Il y a chez Colin une attention au langage : son interrogation, p. 27, par ex., sur *gens de maison*.

rendre ce service, // mais je ne sais pas pourquoi je dis *si c'est comme ça*, parce que je ne comprends pas du tout ». Il ne faut naturellement pas manquer la réjouissante charnière entre les deux : « Il ne mange jamais ? », avec sa mélodie horrifiée ´¯_ | ,¯, alors que le « Ah ? Oui ? » de l'homme n'était, comme la question, ici, de la ligne 20, qu'indifférence polie. Et pareille à Colin, avec le même doux entêtement, la souris explique et s'explique. Elle ne tient apparemment aucun compte des réponses du chat conformiste : « Ça ne présente aucun intérêt. - Quand l'heure est passée, il revient sur le bord... »; elle a choisi de considérer que ce sont réponses de surface et que les vraies sont les autres.

Chef-d'œuvre d'humour, et d'humour noir, que cette métamorphose du « récit » classique. Car non seulement les personnages y ressortissent à une mythologie inverse mais, la cohérence profonde de ce choix se révélant progressivement, ils apparaissent eux-mêmes dans une relation inverse. Il fallait un chat bien nourri pour que la souris pût dialoguer avec lui. Il le fallait encore plus pour qu'il fût déchargé de son propre crime, - les enfants ne veulent pas que le loup qui a mangé le Chaperon rouge soit tué -, pour qu'il devînt cette minuscule guillotine qu'une action extérieure à lui déclenchera. Lignes 49-50, le *mécanisme* est expliqué. Car il fallait encore rappeler, par le truchement du chat, que la Nature est fondamentalement meurtrière. Et il fallait aussi que quelque espèce de parallélisme apparût entre le dialogue de Colin et d'un Jésus repu comme le chat, lors de l'enterrement de Chloé, et le dialogue entre la souris et son dispensateur de mort. Un bon texte littéraire est toujours surdéterminé. Un court suspens, les assonances et la drôlerie de la ligne 55, et la souris réitère sous une autre forme le remerciement de la ligne 46. Cocasserie et tragique n'ont pas cessé de toute la page de se conditionner mutuellement.

Lignes 61-68. Ce roman dans lequel les dialogues tiennent tant de place aurait pu s'achever sur la réplique de la souris grise à moustaches noires. Il le fait sur un bref fragment narratif. La machine infernale, - à la mesure d'une souris et d'un chat -, est remontée, et nous savons qu'elle va fonctionner ; il est immanquable qu'une des petites filles aveugles mette le pied sur la queue du chat. Des orphelines, et aveugles, et qui chantent ? Il n'y a jamais eu de Jules l'Apostolique mais un Julien l'Apostat. Le dernier trait, empoisonné par toute la férocité désespérée du livre, a été pour l'Église et pour le christianisme.

LES PERSONNAGES ET LEUR UNIVERS

La première constellation est une Pléiade : six jeunes gens, et la souris grise. Dans la postface de l'édition 10/18, brève, jolie, juste, Jacques Bens insiste sur l'interchangeabilité des premiers. « Ils pensent de la même façon, aiment les mêmes choses, rient pour les mêmes raisons, souffrent par sympathie ». Ils ont pour attribut encore la pureté, une pureté, dit-il, d'adolescence. Il y a là des choses à gratter. J'ai moi-même insisté plus haut sur l'espèce d'équivalence entre Chloé et Colin. Cependant, comme le narrateur de la *Recherche* devant la horde de beaux monstres, les jeunes filles, le lecteur de l'*Écume* est amené, et d'abord ici par la logique des rôles, à individualiser progressivement chacun de ces jeunes gens en fleur.

• *Un triple refus*

Il faut, à mon sens, partir d'une série de refus : de l'ordre naturel, de l'ordre social, de l'ordre littéraire.

1. L'exclusion de la vieillesse est une tentative d'exclusion de la mort dont elle est le signe. Au chapitre X, on s'en souvient, Colin pleure pour avoir dévisagé une femme d' « au moins cinquante-neuf ans » comme si elle avait eu l'âge de ses jambes. L'homme à la blouse blanche, qui a vingt-neuf ans, est vieilli par le service de la mort de façon définitive, et Nicolas l'est de façon provisoire par la proximité de Chloé mourante. Les parents d'Isis ou d'Alise n'apparaissent jamais que par allusion. Les ecclésiastiques n'ont pas d'âge, comme il sied à des fonctionnaires de l'illusion, mais en tout cas ils ne sont pas jeunes; probablement le Chevêche, qui somnole au faîte de sa hiérarchie, est-il vieux. Quant au médecin, « Le professeur Mangemanche pouvait avoir quarante ans. Il était de taille à les supporter. Mais pas un de plus ».

L'aîné des jeunes gens, Nicolas, a lui aussi vingt-neuf ans, et de fait il apparaît doué de plus de puissance, y compris virile, de plus d'intelligence abstraite, d'une sorte de maturité. Il a autorité sur le groupe. Chick et Colin, vingt-deux ans, ont un âge intermédiaire entre celui de Nicolas et celui des filles; Isis est datée page 20, Alise page 22 et page 26. L'identité de l'âge attribué à Nicolas et à l'homme à la blouse donne à entendre que la trentaine est une frontière. *Don't trust over thirty* * disait un bouton des hippies; les Grecs tenaient la jeunesse des hommes pour un reflet d'un attribut divin et la révéraient en tant que telle.

2. L'appartenance des six jeunes gens à une adolescence prolongée possède cette ambiguïté même dont Gérard Philipe donna de prodigieuses incarnations. Elle a un aspect de grande fraîcheur, en effet, de pureté, à condition de comprendre le mot outre tout moralisme bourgeois. La vie est vécue comme un jeu, dans les moments privilégiés comme une fête, et on trouve tout naturel que ses apparences les plus banales meuvent des farces et attrapes. Elle a un aspect plus inquiétant. La perpétuation d'un esprit d'adolescence se paie, bien entendu, d'un manque. Mais ce qui cause que ni Colin ni Chick ni les filles ne sont pleinement des adultes, c'est surtout le caractère de leur insertion sociale. De jeunes bourgeois dans un espace social flou, ni producteurs ni directeurs. Les filles ne travaillent pas, sauf Alise qui fait des études, elles attendent le mariage. On a marqué plus haut **(p. 30)** la marginalité de Colin; Chick est ingénieur, par pure obéissance à la norme, ça ne l'intéresse pas. L'un et l'autre contestent un ordre social dont le travail constitue l'un des fondements. Il y a un paradoxe, ou une contradiction, dans les structures mêmes du livre : manifestement, la récurrence du thème ne peut laisser aucun doute là-dessus, Vian a en tête la démythification du travail; et en même temps, cinq des six personnages groupés sont à l'écart de la classe adulte par leur relation négative au travail [1]. De ce point de vue encore Nicolas occupe une place un peu particulière; mais tout investi qu'il est du sacerdoce culinaire (« ... le menu élaboré avec une joie sereine », le Gouffé comme Bible), on ne lui voit aucune affinité avec le monde des prolétaires; lui aussi a hâte d'échapper au regard méprisant des mineurs.

Le refus de l'ordre social peut toucher ce que celui-ci a

1. Mais l'autre acception du mot, positive, ressort dès le texte I de formules de Colin : p. 27, ligne 50 et, p. 28, « ... on perd tellement de temps à faire des choses qui s'usent ». Cf. *infra*, p. 112-113.

de plus « naturel », de plus proche par conséquent de la catégorie précédente, la famille. Les six jeunes gens naviguent dans le monde comme des orphelins. Certes Isis est Ponteauzanne; ses parents existent, quelque part, qui n'est jamais un lieu du roman. Alise a pour seul consanguin patent Nicolas; son père mathématicien, sa mère inconsolable de n'avoir pour époux que ce mathématicien, résident dans les mêmes limbes. Significative, page 20, est la pensée de Colin à propos d'Isis : « Elle était jolie. *Mais* Colin connaissait très bien ses parents ». Les doublezons du coffre, on ne voit guère par quelle autre voie que l'héritage ils sont en la possession de Colin.[1] Lui reste cependant, d'un bout à l'autre, nu de parentèle, et il en va de même pour Chloé[2]. Pas de pères ronfleurs ni de mères couperosées[3] à leur mariage, ni amour ni détestation, ni prémices de l'âge, les familles sont néantisées.

D'autres rapports sociaux dans le monde de Colin sont moins subversifs que simplement, si je puis dire, inversifs. Ils renvoient au système et non pas l'annulent; ils le taraudent de l'intérieur, par la dérision. Ainsi en est-il surtout du prestige exceptionnel que confère à Nicolas sa fonction de queux et qui fait de lui ou à peu près dans l'échelle des dignités un pair de Jean-Sol Partre. Il est la gloire de sa tribu, et l'exercice de sa profession fait basculer celui de la mathématique, chez son beau-frère (p. 19), comme celui de la philosophie, chez sa sœur (p. 12), parmi les conduites honteuses. Dans ce monde où il importe davantage d'être cuisinier que professeur au Collège de France, il est tout à fait logique que celui des deux frères pédérastes qui est tenté par les filles soit traité par l'autre d'inverti. Chick lui-même se trouve vis-à-vis des ouvriers qu'il commande dans la relation inconfortable du moins bien au mieux nourri et habillé (p. 8).

Subversif de nouveau tout ce qui se rapporte aux Corps constitués : l'Église, on l'a vu suffisamment; les administrations; les voleurs mêmes dans cette régularité des habitudes qui est une des formes de l'aliénation (p. 163). L'aptitude de l'administration à sécréter l'absurde, à s'y enfermer et à y enfermer quiconque elle a englué est à de multiples reprises « chargée »; on a tenté d'analyser de près les pages de l'usine

1. Interprétation confirmée par le canevas : « Il avait beaucoup d'argent. C'était d'un héritage ».
2. Colin dit simplement, p. 44, qu'elle est dans le Midi avec des « relatifs ».
3. Charles Cros, *Autrefois*.

d'armement; l'Assistance Publique, p. 41, a trouvé une « solution finale » au problème des enfants abandonnés; la demande d'emploi de Colin, pp. 120-123, fait se rejoindre la logique de la paranoïa bureaucratique et la logique ordinaire par l'équation, que pose le sous-directeur, entre directeur et fainéant; la règle du jeu, lors de la mort de Chick, aurait pu aussi bien se retourner contre les policiers; les Pompeurs, p. 162, regardent, sans plus, partir Nicolas. Cette façon de pousser à la caricature intelligible ce que nous ressentons confusément comme le vice intrinsèque, non pas contingent, des bureaucraties n'est pas neuve; il y a eu les auteurs russes du XIXe, il y a eu Mac-Nab, Jarry, Courteline, Alphonse Allais, il y a eu Kafka [1]... Reste que les pages de Vian sont littérairement d'une rare efficacité et qu'il est juste, aujourd'hui que le thème est devenu pour nous presque trivial, de leur reconnaître la singularité qu'elles eurent dans les années 45 : antérieures à celles d'Ionesco, d'Adamov, de Billetdoux... N'en déplaise à un certain immanentisme contemporain en matière de critique esthétique, la mise en place chronologique a seule cette vertu de restituer aux œuvres leur verdeur révolutionnaire.

Dernière note sur la « société » de l'*Écume* : le pouvoir d'indifférence. Page 14 : « Nicolas est entré à ce moment-là et lui a sectionné la tête avec une lame de rasoir... - C'est tout? dit Chick »; page 18 : « Les patineurs encore debout applaudirent à cette initiative... »; la mort de Partre ne fait ni chaud ni froid au garçon de café, à Nicolas pas davantage, et Partre lui-même l'a acceptée comme si l'existentialisme était un islam; fût-ce devant le Christ, Colin ne se souvient pas d'avoir tué le garçon d'étage; page 168, la boîte noire en tombant brise la jambe d'un enfant, qu'on repousse simplement contre le trottoir... On trouverait d'autres exemples de ce comportement donné comme une norme [2]. Il est tout à fait clair qu'un rappel aussi entêté renvoie et au caractère naturel de la souffrance et de la mort, et à notre propre indifférence, disons, pour les jeunes gens d'aujourd'hui, à l'égard de la

1. Il y a eu, sur un autre mode, Hegel, les théoriciens de l'anarchie, les dénonciateurs du stalinisme.

2. Y compris pour Colin et Chloé : p. 41-42, « Ça n'a pas d'importance, dit Colin... Ça ne fait rien, dit Chloé ». Dans l'*Arrache-Cœur*, ce deviendra un rituel d'expulsion de la honte.

guerre du Bengale. Le « territoire » affectif dans lequel souffrance et mort sont ressenties comme un scandale est tout juste, pour les gens de l'*Écume*, un peu plus exigu que le nôtre; symboliquement.

Aurai-je à me défendre d'avoir trop insisté sur ces arrière-plans sociaux? On a lu l'*Écume des jours* comme un livre *gratuit*. Je crois d'autre part m'être appuyé de très près, comme il se doit, sur l'explicite. La formule de Vian dans l'Avant-Propos, - on ne saurait parler plus clair -, que la réalisation matérielle de l'œuvre consiste « en une projection de la réalité, en atmosphère biaise et chauffée, sur un plan de référence irrégulièrement ondulé et présentant de la distorsion » est retournable. L'effort critique soumet l'œuvre à une radioscopie plus ou moins pénétrante et en projette les configurations, agrandies, prolongées, sur un écran lui aussi passablement ondulé.

3. On a beaucoup réfléchi, beaucoup écrit sur l'évolution récente du genre romanesque. En France, l'attention s'est focalisée de façon presque exclusive sur le « nouveau roman ». Or il faut prendre garde que les vieux sédiments du roman réaliste et naturaliste, à peine haussés par les croupes du roman existentialiste, Beauvoir, Sartre, Chr. Rochefort, mais crevés par le massif acéré du Nouveau Roman, l'ont été aussi par un autre soulèvement. Il faudrait un Tolkien * pour en dresser la carte. Je reviendrai plus loin sur la parenté entre Queneau et Vian, auxquels l'adjonction de Bataille romancier ne serait pas tout à fait arbitraire ni, dans un autre ordre, celle de Marcel Aymé. Pour l'instant, il suffit de relever un certain nombre de ruptures avec la conception canonique du roman. Refus par exemple d'une *histoire* exhaustivement étiologique; aucun des personnages principaux de l'*Écume*, qui en ce sens aussi sont « orphelins », ne fait référence à son passé; l'enfance est exclue comme la vieillesse de ce roman d'une classe d'âge. Incitation à une double lecture (ne pas oublier que le premier grand exemple de roman moderne ouvertement allégorique a été le *Voyage au bout de la nuit*). Mais surtout peut-être les personnages de Vian *n'ont pas de psychologie*. Au sens, bien sûr, où on la conçoit d'ordinaire, telle qu'elle a été élaborée depuis Mme de La Fayette par les formes et les techniques du roman.

Ni Colin ni Chick ni aucun de leurs pairs ne se livrent jamais à une introspection selon les règles; à propos d'aucun d'entre eux Vian ne se livre davantage à une « analyse ». La psychologie qu'ils ont, elle ressort de leurs gestes et de leurs discours[1], elle est immédiateté. Anticipation et surtout rétrospection ne débordent le présent que de très peu; rare est une notation comme celle de la page 123 : « Colin se rappela le bureau du directeur et le coup de pistolet de l'huissier et il dit non ».

• $6 = 6 = 3 + 3 = 2 \times 3 = 2 + 1 + 3$

Ces arrière-plans dressés, on peut tenter de revenir à la question initiale sur la quasi-interchangeabilité des six jeunes gens : vraie à distance, et plus des filles que des garçons. Isis, de fait, ne résiste pas à l'examen; elle n'est à peu près que son rôle, silhouette sans épaisseur (peut-on suggérer sans trop de vulgarité que Nicolas lui en donnera une quelque jour ?) à qui il suffit d'être dite Ponteauzanne et jolie. Comparées l'une à l'autre, Chloé a pour attributs cheveux foncés, fragilité et douceur, Alise chevelure flamboyante et esprit de décision; c'est assez de ces indices somme toute ténus pour que l'imagination du lecteur incarne des rôles, eux, foncièrement distincts, l'un passif et l'autre actif, dans des personnages incommutables.

Le récit individualise bien davantage les garçons. Non pas tant non plus par l'apparence physique, puisque seul Colin est « décrit », que par les attitudes et aptitudes et le langage qui les révèle. Colin et Chick reconnaissent sans discussion à Nicolas un droit d'aînesse; il possède par rapport à eux l'expérience de son grand âge, vingt-neuf ans, et de la circulation sociale, il possède aussi, on l'a vu, une forme abstraite d'intelligence : les unes et les autres se conjuguant, il se sent à l'aise dans la fonction de commentateur, d'explicateur disert. Il peut d'ailleurs être vulgaire, sentencieux, pédant : revers de son don de métamorphose, que symbolise avec drôlerie la relation de son comportement au costume qu'il porte. Son

1. J'ai signalé successivement l'affinité behavioriste et l'affinité avec des gens de théâtre.

donjuanisme (faussement honteux, p. 64; infatué, p. 70 : « ... j'ai pensé que deux chambres valaient un sacrifice ») semble associé à ces aspects labiles de sa personne. Car un autre Nicolas, le Nicolas profond sans aucun doute, se révèle dans l'affection qu'il porte à Chloé, et à Colin, et à Alise. Sa liaison avec Isis a d'ailleurs tout l'air de le mener vers la monogamie. Il faut ne pas mésestimer sa qualité éminente de créateur (« ... pour une fois, je n'ai rien innové »); la cuisine est chose civilisée et civilisatrice, voir Lévi-Strauss et autres grands auteurs de l'anthropologie culturelle, et dans une histoire vraie des civilisations, les inventions culinaires devraient recevoir la part d'attention respectueuse qu'elles méritent et que Chinois et Français leur reconnaissent déjà. Cette créativité, Colin la possède comme Nicolas. Colin n'est pas que générosité et transparence et amour fou pour Chloé. S'il ne veut pas travailler, ce n'est pas pour ne rien faire. Il est l'inventeur assez génial du pianocktail, chef-d'œuvre d'artisanat inspiré, à la confluence de la connaissance musicale et de l'ingénierie. Vian ingénieur et musicien ne pouvait que rêver [1] cette solution; aujourd'hui un programme d'ordinateur, qui tiendrait compte même de l'harmonie, ne serait plus utopique que dans ses possibilités d'emploi, dans son « marketing »; en 46 Colin pensait déjà en termes de contacts électriques et de relais, non plus en termes de mécanique ordinaire comme les facteurs d'automates musicaux. Du même côté inventif, qu'on peut placer sous l'invocation des saints musiciens, le Duke, Armstrong, Bechet, se situe Mangemanche, quoique à un niveau sans doute inférieur car les modèles réduits sont seconds par rapport aux avions. Mangemanche réapparaîtra, avec la même chemise jaune et la même passion, laquelle donnera matière à d'amples développements, dans l'*Automne à Pékin*; et les anciens lecteurs de l'*Écume* ne perçoivent pas sans mélancolie, p. 58 de l'*Automne*, ce clin d'œil à eux adressé : « Depuis la mort d'une de ses clientes préférées, il ne recevait pratiquement plus [2]... ».

1. D'une façon remarquablement articulée : relire la p. 13. L'idée d'utiliser pour des mélanges de couleurs l'exécution d'un air sur un clavier a mené plusieurs artistes de l'entre-deux-guerres, dont Duchamp, à des expériences plus ou moins poussées.

2. *Ibid.*, p. 89 : « C'est depuis que Chloé est morte »; p. 189 : « Après la mort d'une de mes malades... j'ai fait de la neurasthénie... » Peut-être y a-t-il un lien entre le nom, et le personnage, de Mangemanche et l'anagramme Brisavion de Boris Vian.

Colin et Nicolas possèdent une autre qualité en commun, la santé morale. Chick n'est pas ou plus inventif; il est malade de snobisme. On le voit au début capable encore de jouer *Loveless Love* au piano, mais le titre lui est accordé, et lui-même reconnaît : « ... en dehors de Jean-Sol Partre, je ne lis pas grand-chose ». Il va de façon irrésistible (p. 115 : « Il était horriblement pâle »; p. 137 : « Les yeux de Chick s'éteignaient dans sa figure ») involuer vers la manie au sens le plus strictement médical, son univers se rétrécir au point de ne plus admettre Alise. Chick a pu à l'origine se convertir à Partre par admiration, libre adhésion à une pensée qui lui semblait capable de se mesurer à tout. Cette allégeance intellectuelle devient avec le temps pur fétichisme, qui se nourrit d'objets : bibliophilie délirante, collection de reliques absurdes.

Six jeunes gens. Un sous-ensemble de trois filles, un autre de trois garçons. Ce n'est pas la seule configuration. Il y a aussi trois couples. Celui de Nicolas et d'Isis, au troisième plan, manifeste que la vie continue. Celui de Chick et Alise, le récit se divise pour le suivre. Alise est dans le même rapport à Chick que Colin à Chloé : l'amour leur est tombé dessus, donné une fois pour toutes comme celui des romans courtois, rendant le possible impossible (p. 148 : « Pourquoi est-ce que je ne t'ai pas rencontré d'abord? dit Alise. Je t'aurais aimé autant, mais, maintenant, je ne peux pas. C'est lui que j'aime. - Je sais bien, dit Colin. J'aime mieux Chloé aussi, maintenant »); Chick et Chloé malades, Alise et Colin sont prêts pour eux à l'esclavage du travail; Chick et Chloé condamnés, Alise et Colin le sont aussi. Mais la maladie de Chloé ressortit à l'ordre de la nature, celle de Chick à l'ordre social, le tour des choses est fait [1]. Un autre sous-ensemble contient un seul élément : Colin, tout de même le « personnage central », et dont l'*Écume* raconte l' « histoire ». Et cependant roman branchu : si Colin a seul ordinairement *le privilège du discours indirect libre*, Chick l'acquiert au moment de mourir.

La dernière configuration, trois noms la dessinent, Nicolas, Colin, Chloé. Il y a des choix qui sont dans l'air : la Chloé

esprit de sacrification

1. Michel Rybalka note que « Jean-Sol Partre s'installe dans l'esprit de Chick tout comme le nénuphar dans la poitrine de Chloé », *Boris Vian, Essai d'interprétation et de documentation*, Paris, Lettres Modernes, 1969, « Bibliothèque des Lettres modernes »; p. 120-121.

de *Drôle de jeu* *. Mais ici *Chloé* apparaît comme la métathèse de Colin, qui est un diminutif de Nicolas [1]. Le bonheur, c'est ce couple et son grand copain dont les frasques l'amusent et la sagesse le guide : Nicolas médiateur entre le couple et les autres.

Vian élabore avec beaucoup de soin, dans chaque roman, le système des noms propres. J'ai commenté déjà *Pégase*, *Mangemanche*... A un bout, des à-peu-près, des calembours, des contrepèteries à déchiffrer : les Sœurs Callotte (p. 82), Don Evany Marqué (p. 154), Jules l'Apostolique... A l'autre bout, des trouvailles poétiques : Nicolas par fausse étymologie se scinde en *Colas*, qui fait série avec Colin et Chloé, et en *Ni*, qui assonne avec Alise et Isis. Alise, comme Rochelle dans l'*Automne*, est nom joli de ville [2], et Chick, curieusement, un anthroponyme attesté à Sèvres, qui jouxte Ville-d'Avray.

• *Partre*

Tout ce qui touche à Partre ressortit à la farce d'atelier (c'est bien évidemment de l'atelier des *Temps modernes* qu'il s'agit [3]). Le jeu verbal se débride; les titres de Partre, variations canularesques [4] sur la *Nausée* et sur l'*Être et le néant :* p. 33, le *Paradoxe sur le dégueulis* (en originale) ; p. 36, le *Choix préalable avant le haut le cœur* (sur papier hygiénique) ; p. 45, le *Vomi* (relié mi-mouffette) ; p. 55, le *Remugle* (relié aux armes de la duchesse); p. 97, *Renvoi de fleurs* (maroquin, hors-texte de Kierkegaard, ...et jeu de mots double [5]); p. 114, la *Lettre et le néon* (avec empreinte digitale); p. 115 et 150, une *Encyclopédie de la Nausée*...; disséminés dans le livre, d'autres rappels des mêmes thèmes : p. 45, une bague d'or en forme de nausée; p. 54, « Bougre de néant ! »; p. 147, « relier son dernier

1. C'est en fait un autre regroupement significatif : Colin et Nicolas comme doubles complémentaires, annonçant les couples Anne-Angel de l'*Automne*, Angel-Jacquemort de l'*Arrache-Cœur*, Wolf-Lazuli de l'*Herbe rouge*. Voir p. 109.

2. Mais c'est aussi le nom des baies de l'alisier, qui pouvait intéresser en Vian à la fois le botaniste et le musicien. Sur le rôle et la fabrication des noms propres dans l'œuvre littéraire, relire Eikhenbaum, « Comment est fait *Le Manteau* de Gogol », dans *Théorie de la littérature*, Tzv. Todorov éd. et trad., Paris, Seuil, 1965; en particulier les pp. 216-221. On peut penser pour Vian à l'influence de Jarry.

3. Dans *La conspiration* de Paul Nizan, il est question deux fois d'un chef de bataillon Sartre, p. 110 et 111.

4. Comme sont variations canularesques le *Complet de Sapin* et la *Répartition méridienne* de Paul Quelaudel dans *le Dernier des Métiers*.

5. L'*Envoi de Fleurs* de Paul Delmet, bien sûr.

livre en peau de néant », *id.* p. 149 ... La fécondité mécanique attribuée à Partre, charge, elle aussi, de l'aptitude de l'écrivain à rédiger des pavés dans son domaine professionnel, et d'incessants articles dans celui de la polémique de toute espèce. Le rire de Partre devant l'écrasement de ses auditeurs, son acceptation, dans la logique absurde d'une conversation, de la mort, sont-ils à porter au compte d'une caricature qui échapperait, comme chez Steinberg, à son dessin? Lisant et relisant le texte, je n'ai pu me défendre de l'impression qu'il faut chercher dans ces débordements d'une vulgarité voulue [1], jarryesque, quelque chose d'autre, le signe, l'annonce, atténués, enrobés, de dissentiments philosophiques et politiques. D'abord parce que Partre est associé à la branche Chick du roman, c'est-à-dire, si l'on y réfléchit, à sa part la plus tragique puisque relative à cette mort additionnelle que sécrète la société. Ensuite parce que Nicolas apparaît comme un anti-Partre : dédain pour l'exercice de la philosophie, valorisation inverse de son talent de cuisinier (p. 76 notamment), dérision appelée, dès la p. 27 [2], sur la doctrine de l'engagement... Un détail encore : *Bovouard* n'est pas une réécriture quelconque de *Beauvoir* mais une graphie qui ne peut manquer de susciter le souvenir de *Bouvard et Pécuchet.*

- *Une ville fantôme*

On ne peut quitter le monde de Colin sans rappeler que sa ville, ce dont tout lecteur s'est avisé, est un Paris onirisé : Molitor (p. 16), Neuilly (p. 24), Auteuil (p. 29), l'hôpital Saint-Louis, le musée du Louvre, la gare Saint-Lazare (p. 40), le Bois (p. 42), autant de références « réalistes »; les rues dédiées aux jazzmen, simple justice rendue; mais le quartier médical, l'allure des maisons, des boutiques, des corps urbains, autant de marques d'une transfiguration moins lyrique, plus amère que celle accomplie par Aragon dans le *Paysan de Paris* ou

1. P. 151, le *Trou de Ste Colombe...*

2. Le thème est repris avec insistance : p. 77, « ... heureux de voir tant de gens *engagés* dans cette aventure... »; p. 155, « ... Il a fait son choix. — Il est trop *engagé*, je trouve, dit Alise. Moi, j'ai fait mon choix aussi, mais je suis libre... ». Comment faire une littérature qui ne fût ni gratuite ni engagée? L'*Écume* propose de nouveau la solution de l'allégorie.

Desnos dans les *Profondeurs de la nuit.* L'Ile des Morts dans sa lointaine banlieue, peut-être l'idée en a-t-elle été suggérée par le cimetière des chiens de l'île d'Asnières.[1] La grande ville en tout cas n'est pas vraiment présente chez Vian, avec sa densité, son organicité, ses chances réelles de combinaisons rares qui enchantaient les Copains * et que les surréalistes ont poussées, avec un brin d'exaltation, à la magie. C'est dans une ville dure et en même temps absente, diaphane, fragmentaire, que demeurent Colin et les siens. Les orchidées d'hiver y fleurissent les trottoirs comme les roses certains dallages froids de Delvaux. Delvaux, oui, plutôt que Chirico.

1. Maintenant rattachée à la « terre ferme »!

INSTANT ET CAUSE

Qu'on veuille bien me pardonner cette réutilisation sans malice du titre d'un beau livre[1]. Car l'un des aspects les plus curieux de l'*Écume* y est le traitement du temps et de la causalité. De fait, plusieurs temporalités coexistent dans le livre.

• *Temps du destin, temps des horloges, temps biologique*

Une temporalité dont tous les instants sont co-présents : celle du « destin », de la tragédie de Colin et Chloé, de Chick et Alise, que ce serait un contresens de lire en y adhérant; gardons nos distances, sous peine de ne pas comprendre grand-chose. Un cycle des saisons dans lequel s'inscrit le récit[2] : l'exposition se situe en hiver (p. 30, « Le froid retenait les gens chez eux... »), le mariage à la fin de l'hiver (p. 48, ... « le froid vif encore, mais moins. Les arbres... »; p. 56, « Il faisait froid sans exagération. L'hiver tirait à sa fin »), le retour du voyage de noces au printemps (p. 81, « La rue avait tout à fait changé d'aspect... »), la maladie de Chloé pendant le printemps également (p. 99, « Le vent... ressortait des arbres tout chargé d'odeurs de bourgeons et de fleurs... »; p. 103, « Sûr ! dit Colin. C'est le printemps ! »), et les brumes et les feuilles grises et tombantes de son enterrement signifient probablement l'automne; le nom même des saisons importe moins d'ailleurs dans la texture du récit que les variations de la lumière, de la température, de l'atmosphère. Une temporalité différentielle du vieillissement : l'homme de l'usine de guerre, Nicolas aux chap. XLI (p. 110, « Alise ouvrit le passeport et pâlit... »), XLIII (p. 119, « Tu as vieilli de dix ans... - De sept ans, rectifia Nicolas »), L (p. 137, « Il était rajeuni... »), les fleurs qui fanent quand Chloé aspire leur parfum...; on pense au « temps biologique * » de Lecomte du Noüy, dont on parla beaucoup pendant les années de guerre. Une temporalité enfin qui s'accroche plus directement au dernier sous-

1. Lilian Silburn, *Instant et Cause*. Le discontinu dans la pensée philosophique de l'Inde, Paris, Vrin, 1955.
2. Qui n'est pas absolument linéaire : en LIV Chick regarde les fumées des incendies qu'Alise allumera trois chapitres plus loin.

titre, Instant et Cause, puisque le désir (par ex., p. 8, on l'a vu : « Comme tous les lundis soirs, Chick venait dîner... Ce n'était encore que samedi, mais Colin se sentait l'envie de voir Chick... », et Chick arrive, et le repas est prêt) suffit à l'accélérer, ou à la décélérer (par ex., p. 102, « Nous serons en retard, affirma Colin. - Ça ne fait rien, dit Chloé, règle ta montre »).

Il est difficile de ne pas penser que cette multiplication des temps est liée à l'éducation technique de Vian et à sa culture scientifique. Le dernier exemple cité notamment est à sa façon une utilisation drôle du « paradoxe des horloges * » de la relativité [1]. Difficile de ne pas associer aussi à cette vision informée en profondeur par la science le phénomène de distorsion dynamique qui se manifeste à plusieurs reprises dans le livre : p. 19, « ... un individu de longueur démesurée, qui faisait depuis cinq minutes une démonstration de vitesse... »; p. 85, « Il courait de toutes ses forces, et les gens, devant ses yeux, s'inclinaient lentement, pour tomber, comme des quilles, allongés sur le pavé... »; ou, à l'inverse, p. 120, « ... un long passage aux virages relevés. Les murs, dans les virages, restaient perpendiculaires au sol et s'inclinaient, par conséquent, de l'angle supplémentaire, et il devait aller très vite pour garder son équilibre [2] »... Il n'y a pas jusqu'à un curieux darwinisme qu'on ne puisse identifier dans l'*Écume* et autres livres : tout ce qui est vivant tend à tuer ; mais sans doute, comme on le verra plus loin, est-ce là rationalisation de la découverte indéfiniment refaite que tout ce qui est vivant est mortel. Le romanesque épistémologique de Vian est de toute façon très particulier. Il a certes quelque affinité avec celui des romanciers dits étrangèrement de « science-fiction » : par cette dimension de l'imaginaire dont on vient de voir plusieurs indices, par l'inscription de ce qui n'est pour nous que le prévisible scientifique et technique dans le présent du récit... Il en diffère aussi en ce que, si ces romanciers considèrent que la technique la plus efficace de crédibilité consiste à conserver des pans entiers de « réel » ordinaire, qui deviennent

1. Dans l'*Automne* référence est faite à Sir Arthur Eddington.
2. Le Greco, Van Gogh, Soutine ont soumis la figure humaine ou le paysage à des déformations parentes. Mais c'est dans les années 65 seulement que Pignon avec ses *Plongeurs* en a donné l'exact équivalent.
Dans *L'éducation sentimentale*, p. 232-233 de l'éd. Garnier-Flammarion, vitesse et distance commencent à « modifier » les chevaux et leurs jockeys. Équivalent lui aussi erratique, la célèbre litho de Manet, *Les Courses*, vers 1864.

comme les garants du reste, Vian au contraire s'attaque à notre quotidienneté, en rend manifeste le caractère d'apparence, et par là même dessillant notre regard dévoile la structure ontologique inchangée. Il y a toujours plus ou moins, chez les romanciers de science-fiction, fuite dans le futur, fût-elle pessimiste; jamais chez Vian, qui inlassablement nous remet le nez sur le primordial. Ou, pour être plus précis, si s'expriment bien chez lui un ensemble de revendications de type anarchiste, on a la quasi-certitude qu'elles répondent au seul degré de liberté d'une situation intrinsèquement mauvaise.

• *La force des mots*

Tous les commentateurs de Vian ont insisté sur une autre espèce encore de causalité, qui résulte de l'enchaînement verbal. Et c'est vrai que très souvent chez Vian les mots cessent d'être signes, c'est-à-dire arbitraires, pour devenir, ou redevenir, en termes de « mentalité primitive », signaux, mécanisme inducteur de cela même qu'ils signifient : J. Bens le relève, l'ordonnance est *exécutée* (p. 94) par une « petite guillotine de bureau » (les deux autres exemples qu'il donne sortent de l'*Automne*). Encore faut-il y regarder de près. Car depuis la seconde moitié du XIXe siècle, - les hétérodoxes du symbolisme, Corbière, Laforgue, Cros, et Mallarmé aussi bien, la correspondance de Flaubert et plus tard celle de Proust -, cette dite « restitution » d'un pouvoir magique aux mots accompagne comme un corollaire une prise de possession du langage par l'écrivain qu'on n'avait jamais connue [1] ni conçue. Ce n'est pas un phénomène simple que la littéralité * chez Alphonse Allais, chez les surréalistes, chez Vian ou chez Ionesco, encore moins « primitif ». Le procédé d'ailleurs ne peut être dissocié des autres jeux de langage, en particulier du « jeu des syntagmes » : des petits fours sur un *plateau hercynien*, velours à *côtes d'ivoire*, etc. Il est donc tout à fait naturel et plaisant que le libraire, p. 113, bourre un calumet de *paix* de feuilles d'*olivier*. J'aime mieux pour ma part signaler quelques faits de causalité moins aisément réductibles aux

1. Il faudrait discuter évidemment du cas Rabelais. Voir Jean Paris, *Rabelais au futur*, Paris, éd. du Seuil, 1970. Vian a lu Rabelais, s'est référé à lui, cf. *infra* p. 103. P. 25 de son livre, J. Paris propose une intéressante classification des jeux de langage.

grandes catégories repérées. Une *rumeur* qui montant de la piste de patinage est comme elle *ovale* (p. 16), cela va certes de soi. D'autres exemples semblent relever de la plaisanterie de logicien mise à la mode par le Révérend Dodgson *; en trois pages, 27-29 : « Une fumée légère s'échappa du bec de la bouilloire et Nicolas alla ouvrir. Le concierge montait deux lettres », « Ce n'est pas un joli nom... Mais toi tu es une souris et tu as bien de la moustache. Alors ? », « Le tapis de l'escalier... n'était usé que toutes les trois marches : en effet, Colin descendait toujours quatre à quatre », « ... un crucifix peint en rouge auquel il manquait la croix ». Si, p. 84, les parois de la cabine téléphonique se resserrent, est-ce parce que Colin est devenu couleur de la glace ? Je le suppose. Mais que dire, p. 162, de : « Il pouvait respirer, tant tout cela faisait du fracas et des flammes » ? Je n'en ai qu'un informulable soupçon.

LE GENRE : PREMIÈRES APPROXIMATIONS

L'*Écume des jours* ressortit sans aucun doute au genre romanesque. Queneau l'a, on le sait, dans la préface à l'*Arrache-Cœur*, reconnue comme « le plus poignant des romans d'amour contemporains », et sa formule n'a pas cessé d'être la plus efficace des prières d'insérer. Roman d'amour, oui, c'est au moins en partie cela, - qui ne suffit pas à cerner, à l'intérieur d'un genre extraordinairement polymorphe, une sous-espèce. Tout au long de la longue partie A, j'ai tenté de poser des jalons. Certains des traits ainsi repérés autorisent une définition qu'on pourrait dire « en creux » : 1. il ne s'agit pas d'une histoire, pas d'une étiologie; le passé y est muet, et les personnages principaux, à l'exception de Nicolas, ne connaîtront pas de futur; cependant il y a un récit, et qui même se dédouble en une branche Colin-Chloé et une branche Chick-Alise; 2. il ne s'agit pas d'un roman psychologique; les personnages n'y possèdent pas ce qu'on tient d'ordinaire pour une épaisseur; on n'y trouve ni introspection ni analyse d'auteur, et si le discours indirect libre, en tant que solution écrite du monologue intérieur, y apparaît, il est très soigneusement circonscrit à l'usage de Colin (et à celui de Chick au moment de mourir); 3. il n'est pas question davantage de considérer le livre pour réaliste dans l'acception ordinaire; certains de ses irréalismes les plus flagrants et curieux ont été recensés dans la partie C, et l'affinité qu'ils lui confèrent avec la « science-fiction » signalée; mais on a dit aussi pourquoi cette dernière parenté ne saurait induire bien loin l'analyse; une des conclusions latentes dans ces remarques restait évidemment que l'ensemble de ces irréalismes pourrait fort bien concourir à un réalisme supérieur, celui de l'allégorie.

Ici s'opère le renversement, le passage de la définition en creux à la définition positive. Par l'utilisation de l'anticipation (*supra*, p. 22 et 43) et du temps tragique, par l'adultération plus ou moins insidieuse de notre quotidienneté, par la distanciation quant aux personnages à laquelle leur manque d'épaisseur même contraint le lecteur, par celle qu'accomplit sur divers modes l'écriture, par sa fable finale, l'*Écume* renvoie constamment à autre chose que sa propre trame. Elle renvoie à la « condition humaine », et ce trajet double est constitutif de la parabole et de l'allégorie.

Le voyage au bout de la nuit, *La peste*, ce sont aussi des romans allégoriques, et ils ont précédé dans le temps, - si l'on ne veut point remonter jusqu'aux grandes références du XVIIIe, Swift, Sterne, Diderot -, le petit livre de Vian. L'originalité de celui-ci tient à sa technique : l'*Écume* apparaît un peu comme un scénario qui aurait acquis les dimensions simultanées de l'écrit littéraire; découpage en plans, découpage secondaire en scènes [1] ont été commentés (*supra*, p. 22 et 29), mais il faut insister plus qu'on ne l'a fait jusqu'ici sur une très grande réussite de Vian. Je n'ai pas fait le décompte exact, mais on peut estimer que les dialogues occupent dans l'*Écume* la moitié de l'espace typographique. Or ça a été un problème techniquement très difficile, à partir du moment où des romanciers ont pris conscience que c'en était un, que l'insertion du dialogue dans la texture verbale du roman. Roger Martin du Gard s'y est cassé les dents avec *Jean Barois*. Aragon et Sartre sont des romanciers importants; leurs dialogues, - je ne dis pas qu'ils sont mauvais, c'est sur un plan très particulier que je situe la discussion -, n'apprivoisent et ne s'asservissent jamais tout à fait la langue vraie de la conversation française familière. Le dialogue chez Gracq n'obéit à aucun souci de vraisemblance : il est terme d'une alternance de deux argumentations, ou de deux poèmes en prose, issus du même réservoir d'encre exactement que le reste ; en ce sens le problème du roman comme coulée verbale *une* semble résolu, en fait il n'est pas posé. Chez les auteurs du Nouveau Roman le dialogue, à l'origine du moins et conformément à la logique de la tentative, n'occupe qu'une place mineure. Il a fallu que Robbe-Grillet fît du cinéma pour que ses dialogues approchassent de l'aisance. Romanciers de tradition réaliste : Martin du Gard, Aragon, Sartre ; romancier surréaliste : Gracq ; Nouveau Roman... Il faut nous rendre à cette évidence : ce sont deux écrivains

1. Ma terminologie manque évidemment de rigueur. Au cinéma le découpage est inverse et le plan subordonné à la scène. J'espère qu'il est clair cependant que j'ai employé ici, pour parler d'un roman, le mot *plan* avec à peu près le sens de scène au cinéma, et le mot *scène* avec son sens de théâtre!

que la critique publique a tenus longtemps dans les marges de la grande littérature, ce sont Queneau et Vian qui ont résolu le problème avec le plus de naturel apparent, de souplesse désinvolte, d'élégance en somme. S'il fallait absolument donner ici un repère ancien, une tête de lignée, ce serait de nouveau celui de Diderot.

L'écriture 2

Le procédé qui fonde la littérature, on l'a rappelé dans la *Note* liminaire, est celui de la récurrence, - récurrence voulue, non pas redondance intrinsèque à la communication -, et le mérite exceptionnel de Roman Jakobson reste d'avoir, le premier, donné du phénomène une « traduction » dans les termes propres à la linguistique [1]. Il est tout à fait clair, encore une fois, et sans qu'il soit question d'aborder ici les problèmes d'homologie entre forme et substance, que la récurrence ne joue pas seulement sur les divers plans linguistiques déterminés par nos outils actuels d'analyse mais aussi bien sur ceux du discours, sur la thématique (par définition), les figures qu'inventorie la rhétorique, les images, mais encore, comme en architecture, sur l'articulation générale de l'œuvre. Ainsi le diptyque du mariage et de l'enterrement, ou les diptyques encore de la mine de cuivre et de l'usine de Chick, de la mine de cuivre et de l'usine d'armement, ainsi les trois textes commentés de plus près et que j'ai choisis en raison conjointement de leurs parallélismes formels et de leur fonction de report : de 1 sur 2 (par ex. le thème du travail), de 2 sur 3 (par ex. l'oscillation de l'homme et celle du chat), apparaissent-ils dans l'architecture de l'*Écume* comme de gros éléments porteurs, des « piliers ». Le retour de mêmes schèmes de situation et de mêmes répliques avec des personnages inversés, ou des personnages différents, se manifeste bien ailleurs encore que dans ces trois fragments. Tout aussi indispensable au projet particulier de ce livre-ci, consubstantielle à lui, est la très curieuse « métaphore fonctionnelle » qui associe dans le même procès d'inéluctable déperdition le nombre des doublezons, la santé de Chloé, la lumière et les dimensions de l'appartement.

1. Jakobson a donné une traduction en quelque sorte complémentaire du phénomène de l'aphasie. Pour l'exemplarité de la démarche, lire à la suite, dans les *Essais de Linguistique générale*, Paris, Minuit, 1963, « Deux aspects du langage et deux types d'aphasie », p. 43-67, et « Linguistique et poétique », p. 209-248. Voir ci-dessous, p. 71 et 73.

LA LANGUE

Les mots ne sont pas la langue ni le langage. Or, dans l'ensemble, c'est ce qui saute aux yeux du lecteur le moins averti, les degrés de liberté dont tout écrivain apprend à disposer à l'égard des structures de sa langue, Vian ne les utilise qu'au niveau du lexique. Dans les phrases qui lui sont directement attribuables, puisque elles ne le sont pas à ses personnages, nul effort continu ne se révèle par exemple pour oxygéner la syntaxe en recourant aux tours populaires. Une phrase comme celle-ci : « Il y a des usines qu'on évite en promenant, qui sentent toutes les odeurs, les unes à peine croyables et où l'air d'alentour se refuse à puer davantage », qui est de Céline [1], ou comme celles-ci : « Y avait des rigolos sur la terre. Et pour aimer tellement que ça le jaune fallayent qu'ils soient tous un peu cocus. Ah ces Chinois, plus marants que les Kabyles pas marants à cause de leurs couteaux, plus marants que les hindous pas marants puisque tous militaires, plus marants même que les nègres, pourtant ils sont marants les nègres », qui sont de Queneau [2], et quoique les dernières ne fassent au fond que transposer le monologue intérieur de l'exercice individuel à l'exercice collectif, on n'en trouve pas l'équivalent dans l'*Écume des jours* [3].

Langage-univers, dit Jacques Bens. L'assimilation du lexique au tout de la langue et du langage n'est pas, à dire vrai, nouvelle. C'est elle qui a informé, au moins partiellement, les attitudes dadaïstes et surréalistes. Nous avons appris à la reconnaître comme abusive, tout autant que l'assimilation de la parole et de la pensée [4] et en même temps comme très explicable puisque c'est à propos de mots que tout homme un jour ou l'autre s'interroge sur la relation du langage au « réel ». Il

1. *Voyage au bout de la nuit*, p. 98 de l'édition de poche.
2. *Un rude hiver*, Paris, Gallimard, 1939, p. 9-10.
3. Audace maximale de Vian : « ... un gros massif de terre en forme de cercueil, mais très épais, un mètre au moins », ci-dessus p. 38, lignes 69-70.
4. Voir *Au temps de Dada, problèmes du langage*, Paris, Lettres modernes, 1971 (= *Cahiers Dada-Surréalisme*, 1970, nº 4), notamment l'article de Marc Angenot, p. 93-99, et son commentaire à la formule de Tzara : « La pensée se fait dans la bouche ».

serait absurde qu'on polémiquât aujourd'hui, muni de tout l'arsenal saussurien et post-saussurien, avec des positions, en fin de compte plus esthétiques que psychologiques ou linguistiques, vieilles d'un demi-siècle. Reste justement que la doctrine des mots en liberté et l'ambition d'atteindre à travers l'automatisme verbal « le fonctionnement réel de la pensée » ont marqué de façon irréversible l'*usage* de la langue chez les écrivains contemporains. Vian, comme tous ceux qui comptent dans les lettres de notre temps, a reçu cette leçon. Avant d'essayer de préciser au moins un peu les particularités de sa langue et de l'usage qu'il en fait, je désire rappeler l'existence de deux contraintes :

- celle qui est liée à la nature même de la langue, ensemble remarquablement résistant de structures. On ne fait pas ce qu'on veut, pas n'importe quoi, avec sa langue. Le montrent assez, et c'est ici que ma référence à Jakobson s'éclaire, les dérèglements pathologiques, de l'aphasie par exemple, et les dérèglements volontaires de la littérature;

- celle qui est liée de surcroît au projet romanesque. Le roman n'est pas un poème. Les mots y sont soumis à un dessein tendu qui les ordonne comme un champ magnétique la limaille. Cela étant dit, les catégories que propose brièvement J. Bens, p. 177, sont tout à fait valides. Beaucoup plus sceptique me laisse la thèse de François Caradec que Vian a utilisé la confusion sémantique aux fins de multiplier les possibilités de lecture, à la limite de les prévoir toutes [1]. Certes Vian joue; mais il y a chez lui une intention de dire, et elle est celle d'un homme particulièrement intelligent, particulièrement informé, particulièrement pessimiste. Ne pas se laisser prendre aux sifflotements et autres appeaux. Leur vertu principale a été de conférer à l'auteur un *air dégagé*.

1. Postface à l'*Automne à Pékin*, p. 296-297.

• *Lexique : la littéralité*

La néologisation chez Vian est intense et fait feu de tout bois, et je n'ai pas l'intention d'en établir la typologie exhaustive. Il m'a semblé préférable de tenter des regroupements significatifs.

Commençons donc par cette néologisation plus ou moins insidieuse qui consiste à manipuler des formes déjà existantes. Sous le chef de la *littéralité*, sans doute peut-on sans trop d'arbitraire reclasser les procédés suivants :

- le passage à l'écrit des populismes. Ex. : p. 23, *touillez, piton;* 46, *amerlaud;* 50, *sacristoche;* 72, *bousillé;* 73, les *au courant;* 93, *gondolance;* 114, *flique*, et plus loin *tue-fliques* (le mot est re-virginisé par une graphie autre); 116, *frigiploque...*

- le passage à l'écrit des anglicismes. Ex. : p. 44, des *relatifs;* p. 154, *baise-bol* (avec « motivation » de la graphie), alcools *doux...*

- les à-peu-près graphico-phonétiques : *Ponteauzanne;* 72, la *scène* où ils se *noyaient* (qui renverse le vieux calembour : comment traverser la Seine en nageant sans se mouiller?, rép. : la scène en agent...); 74, le *Serment sur la montagne...*

- des calembours encore mais plus ou moins contrepéteux. Ex. : p. 16, son portecuir en feuilles de Russie; 150, sur vergé Saintorix...

- la prise au pied de la lettre. Sur le modèle, qu'on a cité, d'exécuter une ordonnance, on rencontre, p. 10, *aiguiser...* une *pointe* d'ail; 14, « ... te couper l'appétit. - Va donc, il ne m'en reste presque plus »; 17, ... à la fin d'un magnifique *grand-aigle...* un gros *œuf...;* 41, Économisez vos *chaussures* avec l'*Antipode...*, etc. Le jeu peut être retourné, introduire une dissonance dans la littéralité : 15, ... le *pourboire* qui lui servirait à *manger* car il avait l'air d'un *menteur;* 19, ... un buste si bien *dessiné* que l'on eût dit une *photographie;* 62, souffler dans des violons...

• *Le jeu des paradigmes*

Sous le chef maintenant du *jeu des paradigmes*, les procédés suivants :

- la substitution à un élément de la chaîne d'un vocable de même classe, lié au premier par un sémantisme facétieux : p. 49, « comme *pédéraste* d'honneur », sur le modèle de « garçon d'honneur » ...

- la substitution à un élément de la chaîne d'un paronyme (d'une paraphasie * !) de même classe, plus ou moins motivé au sens linguistique de l'adjectif : p. 8, de *roussette* à *Russie* dans « cuir de roussette » (la même désinence, plus loin, dans un autre « nom de cuir » : *mouffette;* mais, en même temps, pourquoi la peau d'une chauve-souris ne serait-elle pas tannée?); p. 62, de *syracusé* à *cérusé* dans « chêne syracusé » (p. 123, érable *mouché*, pour *moucheté* ?); 105, « ... il avait maintenant l'air d'un *octavon* » (sur le modèle de *quarteron* d'une part, du paradigme des intervalles musicaux d'autre part). ... Dans « veau tissé », p. 15, la présence de l'adjectif fait passer ipso facto le veau de la catégorie cuir à la catégorie textile. La substitution peut aussi renvoyer, plus drôlement, à un procédé complexe de fabrication lexicale : p. 11, des serviettes pliées en *chapeau de curé* (en bonnet d'évêque), 153, la sentinelle se mit au *quant-à-soi* (au garde-à-vous), 75, le *Cri du Patron* (la Voix de son Maître) ...

L'introduction dans un paradigme d'un élément incongru, ça a été un des trucs de langage et plus que de langage chez les surréalistes, notamment chez Desnos et Prévert. P. 21, par ex., « ... leur col de pardessus, leur foulard, leur manchon... une cage à oiseau en fil de fer... », laquelle cage réalise évidemment un à peu près de heaume, comme dans un dessin de Ronald Searle ou d'André François. On le voit, pour qu'il y ait jeu intelligible, il faut que la gratuité soit limitée. P. 11, la présence des *lance-pierres* à côté des assiettes, des verres et des « autres ustensiles » est fondée de la même façon sur l'existence d'une locution « manger avec un lance-pierres ».

Trois remarques. 1. Ces plaisanteries d'almanach Vermot ou de normaliens de la rue d'Ulm contribuent à écarter l'usager de Vian d'une lecture naïve. Contrairement à ce qu'on a beaucoup et trop dit, elles renvoient non pas tant à un Verbe assez puissant pour substituer au réel des univers parallèles ou, le mot de signe redevenant signal, pour le mettre en branle, qu'à l'instrumentalité même du langage. Elles manifestent inlassablement que la langue est convention et qu'elle fonctionne avec d'autant moins d'opacité que sa conventionnalité est admise et assumée [1]. 2. Quoique abondantes, elles ne provoquent pas au même degré que dans l'*Automne à Pékin* l'impression de surcharge baroque; par comparaison, elles apparaissent très contrôlées. 3. Il n'y a aucun des procédés relevés dont on ne trouve la leçon chez Queneau. Vian est ici extrêmement proche, et sans doute dépendant, de son aîné Raymond le Chien, comme il l'est avec *l'héros* de la p. 99, - une irrégularité de la langue trahit elle aussi la convention. Dans d'autres procédés qu'on va tenter de saisir, tantôt il reste proche de Queneau, tantôt il fait montre, comme c'est le cas avec les « séries », d'une autonomie entière.

On a pu voir en œuvre déjà à plusieurs reprises la « dérivation impropre »; une alliance comme *veau tissé* induit pour l'un des deux termes au moins et probablement pour les deux une translation sémantique. Sur une scalaire qui irait de l'emploi conforme au néologisme absolu, on rencontre d'abord des glissements humoristiques : p. 14, je l'*envisage* en ce moment; 20, Isis... était parvenue à *se munir* de cheveux châtains...; 26, me *vérifier*; 30, ... un chien et deux autres *personnes*, etc. Dans les mêmes gradations se situent les emplois, très savoureux pour peu qu'on les rapporte aux acceptions sartriennes, de *choix*, *libre*, *engagé*, *engagement* [2]... (p. 27 et p. 165 en particulier). Suivent les dérivations, si je puis dire, proprement impropres, type « ajoutez de l'*espagnole* », p. 10, « peau de *pandour* » (30), « jet de *pulvérin* » (55), ... Je serais très tenté pour ma part de placer dans les mêmes parages les mots « rares » dont le voisinage rend l'authenticité suspecte : *calmande* (8), *gavial* (46), *aubifoin* (51), *amignoter* (58), *sapote* (63), *opoponax* (105 [3]), *panouilles* (116), ... La *mouffette* (45) s'avère par ex.

1. En fin de compte, c'est dans le même sens que vont les autocorrections de Colin p. 123, de la souris p. 173; cf. *supra*, p. 48.
2. Noter que *engagement* désigne p. 60 un moment de la liturgie du mariage.
3. Le mot a été repris récemment par Monique Wittig. Dès 1927, un recueil de poèmes du peintre Camille Bryen.

être le nom français du skunks. Les *alérions* de l'enterrement de Chloé sont bien des oiseaux mais héraldiques, et dans la même page travaillée *cromorne* désigne un instrument ancien, *aneth* et *morgeline* anoblissent notre fenouil et notre mouron de tous les jours. Y a-t-il quelque chose à inférer de l'appartenance d'une bonne moitié de ces termes au vocabulaire de la botanique ? Je n'en sais rien. Le plus clair, c'est que Vian attend son lecteur au passage avec la malignité d'un fabricateur de mots croisés.

• *Les séries*

Une curieuse catégorie accomplit sur des vocables apparemment inoffensifs une opération du genre de la litote. Que le café élu par Partre et ses amis soit dit *un débit*,[1] p. 154, l'intention comique suffit à en rendre compte, - tout le monde pense au *Flore*, aux *Deux Magots*. Que le pick-up de la page 151 devienne dix pages plus loin un « appareil à bruit », c'est que le sénéchal parle. Que le ciment ou le béton soient sous les pieds de Colin, p. 163, « dure pierre artificielle », sans doute est-ce parce qu'ils participent de la négativité du règne minéral. Mais pourquoi ces refus de nommer comme tout le monde touchent-ils le Midi : « Nous n'arriverons pas *au Sud*[2] aujourd'hui », p. 69 ? Ils se regroupent d'une façon plus clairement significative lorsqu'ils s'appliquent à ces Corps constitués qu'on a vu déjà que le roman ridiculise ; il s'agit là d'ailleurs d'une des *séries* dont je parlais : les varlets-nettoyeurs, p. 17 ; les Arrangeurs Urbains, p. 42 ; les peintureurs, p. 50 ; la trousse à doctoriser, p. 89 ; la machine à roues[3], p. 145 ; le sénéchal, les agents d'armes (la mort sociale et le fascisme sont assimilés), p. 152 ; les appareils compliqués du Corps des Pompeurs, pp. 158 et 162 (alors que *pompiers* est utilisé p. 72) ; la Réserve d'Or (avec en plus la réminiscence américaine) ; le camion, p. 168, fait évidemment plus que remplacer le *corbillard*, il participe à l'entreprise de dérision, mais la voiture à morts est bel et bien un euphémisme ; le mot *cercueil* apparaît une fois p. 168

1. Plusieurs autres noms communs sont au contraire hypostasiés : le Président, le Religieux, le Saint...
2. Alors qu'au chap. xv on trouve « dans le Midi ». Sur les techniques de *singularisation*, relire aussi V. Chklovski, « L'art comme procédé », dans *Théorie de la littérature*, *op. cit.;* en particulier ici les p. 84-85.
3. Toujours dans l'*Éducation sentimentale*, « pompe à feu », p. 223 de l'éd. citée déjà, a pu procurer, ou affermir, un modèle.

(déjà p. 72), partout ailleurs la boîte noire, avec la même fonction que *camion*, lui est substituée; mais, de nouveau, les porteurs remplacent les impossibles croque-morts.

Le Corps constitué par excellence, c'est bien sûr l'Église. La titulature imaginée par Vian ressortit à un nouveau type de néologisation, par altération phonique, motivée, encore une fois, et non pas gratuite. Le *Religieux* a pour assesseurs un *Chuiche*, prononciation « auvergnate » de *Suisse* (un chou ch'est un chou : l'Église comme avidité, il lui en faut des doublezons, et « chuiche » est très proche de chiche), et un *Bedon* (pour bedeau; la plus belle de ces trouvailles : l'Église comme ventre). *Chevêche* additionne aux valeurs d'*évêque* et d'*archevêque* celles de *revêche* et du nom d'une chouette. Il est question p. 114 d'un *chamoine* Vouille qui a des accointances, non inattendues, avec la fliquaille et figurerait sans surprise non plus dans la *Portée de chats* de Siné. Rattachable à cette série est *sacristoche*, déjà relevé, qu'on entend dans la bouche des gamins. Quant aux *Enfants de Foi*, il va de soi que leur nom circule sur deux paradigmes en même temps : chœur-foi, et cœur-foie.

Séries encore, celle des noms propres (on l'a examinée), celle des armes : fusil à feu (il y a bien des pistolets à eau), lance-morts, arrache-cœurs, tue-fliques, ... la plus éloquente trouvaille étant ici *égalisateur;* le mot d'ailleurs est repris dans l'*Automne* avec le même complément, « égalisateur à douze giclées ». Il faut ajouter à cet inventaire un euphémisme sinistre, *appuyer*, p. 160. Si de leur côté *chêne syracusé*, *érable mouché*, *veau tissé...* obéissent à un schème formel identique, ils s'agglutinent aussi à un même champ sémantique. Inattendu, prémonitoire. Car en 1946 la France des villes connaissait encore la famine [1]. Mais un écrivain de 26 ans, probablement à travers l'expérience de ce que j'ai appelé tout au début de cette étude un conditionnement de luxe, inventait une espèce de « société de consommation ». P. 9, la cuisine où Nicolas accomplit son sacerdoce : émail, tableau de bord, appareils multiples [2], palpeur sensitif, dinde calibrée, caoutchouc alvéolé, soie huilée (voici apparaître le modèle substantif + participe

1. P. 11, « ... Je l'ai échangé... contre l'ancien et un kilo de café belge » est sans doute une allusion aux temps difficiles.
2. P. 79, la vaisselle sale est desservie par tube pneumatique.

adjectif en *-é*), p. 11, le couvert « aux manches ajourés, dans chacun desquels une coccinelle empaillée, isolée entre deux plaquettes de plexiglas, portait bonheur », p. 14, la pâte américaine à l'ananas, suffisent à installer l'image d'un monde où l'objet fabriqué est roi. Il ne faudra plus ensuite, pour la maintenir à l'arrière-plan de la représentation, que des rappels : pardessus d'épais tissu godon, gants de porc dépossédé, souliers de gavial consistant, p. 46; léopard benzolé, p. 82; ou bien les matières tout aussi canulées des reliures de Chick... Monde dont l'étalon est bien entendu le *doublezon*, lui-même *doublon* réusiné.

- *Des néologismes*

Ainsi sommes-nous arrivés par gradations successives aux néologismes « vrais ». Les premiers de ceux-ci ne sont encore que la réalisation de virtualités de la langue : *s'abluter* (p. 29); *Cépédéiste* (p. 39), sur les initiales de Cie parisienne de Distribution d'Électricité; *députodrome* (p. 40); *cinématographiste* (p. 57), qui moque gentiment Cocteau*; *cardioïde (ibid.)*; *prioir* (p. 60); *nutritionner*, *zonzonner*, *s'insoler* [1] (p. 69-70); *s'étriquer* (p. 116)... L'exemple de *nutritionner* montre bien quel sens de la langue possèdent les écrivains qu'on dirait irrévérencieux à son égard (ou bien, si l'on veut, à quelle obéissance ils sont tenus quant à ses contraintes). Le modèle est le couple *émotionner/émouvoir*. Le doublet populaire, fabriqué directement sur *émotion* et plus facile à conjuguer puisque du premier groupe, a été d'abord rejeté par les puristes. En même temps qu'il constitue le verbe unique de la langue populaire, il a fini par entrer dans la langue des gens cultivés comme le péjoratif (amusé) d'émouvoir, ajoutant un élément nouveau à une série connue, *pleurer/pleurnicher*, *médiéval/moyenâgeux*, *homme politique/politicien*, etc. Il est clair que de la même façon *nutritionner* dans la bouche de Colin est le jumeau clownesque de *nourrir*.

Tout cela dit, il demeure un résidu inassimilable d'un lexème de type français mais qu'aucun des dictionnaires que j'ai sous la main n'enregistre, fût-ce sous une forme approchée. Il est probable qu'un meilleur chasseur que moi le

1. Dans l'*Arrache-cœur* : se solacer.

débusquera dans les feuilles. N'importe, le voici : *brouzillon* (p. 54). *Houdah* (74), évidemment, est « oriental ». On le voit, c'est extrêmement peu : on a été eus.

• *Constructions*

J'ai relevé à plusieurs reprises une discrète présence de l'anglais. Après tout, *pianocktail* est un « portmanteau word » selon la recette de Lewis Carroll. Peut-on assigner à cette influence deux formations qui font transition entre les lexèmes isolés et les séquences ? Il s'agit du « couloir *tapis de caoutchouté* » de la page 16, et du *Blocnotez* de la page 152. C'est de nouveau très peu. Plus intéressantes pour la caractérisation de la langue de Vian sont les séquences de termes qui nomment les couleurs : or bleu (p. 52 et 57), argent sablé (p. 52, où *sable* a son sens héraldique), cuivre rouge blanc (p. 62 [1]), améthyste vert-noir (p. 80), pourpre de Cassius, vert de vessie, bleu de chrome (p. 88), argent rouge (p. 106), fer bleu (p. 143)... La filiation surréaliste est manifeste :

> ...
> Et les enfants énuméraient en chœur
> Les règles d'or de la réalité
>
> Règle d'or vert règle d'or jaune
> Règle d'or blanc règle d'or rouge
> D'or dans le vide d'or dans la stérilité
> Au jour le jour et sans jamais une surprise
>
> Nous les fous nous pensions aux règles des mirages
> Règle d'or bleu règle d'or noir
> Règle d'or violet
> Règle d'or de l'espace
>
> Règle sans frontières [2]...

1. Qui s'explique aussi comme *cuivre rouge* + *rouge blanc* (du métal incandescent).
2. Paul Éluard, *Marc Chagall*, repris dans *Voir*, Paris-Genève, Éd. des Trois Collines, 1948, p. 18.

Mais quelles fonctions jouent ici ces alliances dissonantes? Sans doute participent-elles, en cela fidèles à la leçon qui vient d'être transcrite, de l'entreprise générale de subversion et ont-elles pour tâche particulière de briser les catégories ordinaires de la perception, - de l'entendement. Elles sont à rapprocher de tout un comportement singulier de l'écrivain à l'égard de la couleur, en soi et comme symbole. L'accord, classique celui-ci, du jaune et du violet se projette des chaussettes de Colin sur la liturgie du mariage : p. 50, « On peint tout en jaune? - Avec des raies violettes »; p. 51, « Il faut la hallebarde jaune et la canne violette, ça sera plus distingué »; p. 59, « ... une flamme jaune pour les hommes et violette pour les femmes »; p. 60, « ... les larges raies jaunes et violettes de l'église [1]... ». Les deux fois sept Enfants de Foi portent culotte ou jupe rouge (mais les voitures du Corps des Pompeurs, p. 158, sont *blanches*), et les filles ont de surcroît une plume rouge dans les cheveux. Une orchidée de trottoir « orange et grise » (p. 22) fait penser Colin à la souris du logis; « orange » aussi est la fourrure des taupes de neige dont parle Chloé dans sa lettre (p. 128). Nous y voici, la neige est dans l'*Écume* signe de mort et, par contiguïté, le blanc [2]; pour l'enterrement de Chloé, le Chuiche et le Bedon seront « richement vêtus de couleurs claires ». De nouveau Éluard [3] :

> La terre est bleue comme une orange
> Jamais une erreur les mots ne mentent pas...

renvoyant une fois encore, paradoxalement, à l'instrumentalité du langage. Les mots ne mentent jamais, mais ceux qui s'en servent.

Pour la phrase, c'est tout autre chose. Non que Vian ignore tout à fait l'amble solennel, la grande oraison bossuétisante qui sert à Breton à se faire prendre au sérieux : fugitivement il en imprime l'allure à ses écrits polémiques, encore

1. *Cantilènes*, p. 63 : « Il y a des sexes courts/Et d'autres pendent aux genoux/ Rayés de jaune et de violet/Comme l'ombre du soleil à travers la grille... » Peut-être est-ce cette dernière image, soleil-grille, qui est fondamentale.

2. Cf. *Arrache-Cœur*, p. 13.

3. *L'amour la poésie*, VII, Paris, Gallimard, 1929.

que ceux-ci fassent penser bien davantage au *Traité du Style* * et, au-delà du Traité, à de mêmes modèles XVIIIe. La période nombreuse des surréalistes sied à leurs genres majeurs, l'essai, le récit de rêve, le poème en prose; il n'y a pas un seul roman du surréalisme historique [1]. Ce qui convient, différemment, au projet romanesque tel que le conçoit Vian, c'est la phrase nette et rapide, synthétique dit-on, de *Candide* et de *Zadig*, allégée encore à l'occasion par les licences prosaïques, conquête des écrivains du XIXe siècle, la phrase sans verbe, le remplacement par la simple virgule des outils grammaticaux à fonction logique ou des coordonnants, le « style » indirect libre... Phrase qui n'a jamais honte des structures simples, qui n'a jamais peur des répétitions d'*être* et d'*avoir*, de *c'est* et d'*il y a*. Phrase cependant qui peut atteindre à une éloquence vraie par l'enfilage dense, sur une seule ligne sans incises, sans dérivations profondes, d'éléments très précis : relire par ex. le chapitre LXVI, noter la parenté fréquente avec la seule « écriture » originale dont ait jamais usé Camus, celle de l'*Étranger*. Ceci vaut bien sûr pour les passages que la convention littéraire assigne de façon immédiate à l'auteur, ceux de narration et de description. Que les répliques des dialogues, pour peu qu'elles visent au « naturel », soient simples et rapides, on s'y attend davantage. Il ne s'agit pas d'enregistrer la langue familière, il s'agit d'en donner un simulacre actif : énoncés très courts, souvent incomplets, brisés encore par le *dit-il;* lexique décomplexé; fréquence des interjections, des *oui*, *non*, *mais...;* logique du court-circuit. Le sens est manifesté par de très faibles variations : « Tu n'as pas mal? - Je n'ai pas très mal ». Une astuce, page 122 : « ... ce qu'il faut donner à un fainéant, c'est justement // pas de travail ». Il n'y a pas, en tout cas, de rupture marquée entre les schèmes de phrase du côté narration et du côté dialogue; c'est là un des facteurs principaux de l'unification verbale dans l'*Écume*.

1. Il y a des romans écrits par des surréalistes, ce qui n'est pas du tout la même chose. A re-discuter : *Nadja*.

- *Un curieux imparfait*

On ne saurait être quitte si l'on ne signalait une particularité, dans la langue de Vian, du système des « temps ». Page 43, « ... elle *tourna* la tête et Colin lui *embrassait* les lèvres »; page 137, « Il... *donna* à Chick un billet de cinq doublezons... Les yeux de Chick *s'éteignaient* dans sa figure »; page 141, « L'œillet *blêmissait* soudain, se *fripa...* »; page 169, « ... Colin *entendit* sortir de ses narines un léger ronronnement de satisfaction... A ce moment, le Religieux *sautait* d'un pied sur l'autre et *soufflait* dans un tube, et la cérémonie *était finie* ». La relation entre le passé simple et l'imparfait ou le plus-que-parfait n'est pas ici du type habituel, canonique. Le trait peut devenir tic de style : j'ai relevé six exemples analogues dans l'*Herbe rouge*, p. 94-95 par ex. : « Il *se mirent* tous trois à manger des sandwiches au poivre. A la quatrième bouchée, l'air *commençait* à vibrer autour de leurs têtes et Wolf *s'allongea* dans le ruisseau confortable ». Le sens ne fait guère problème : il s'agit d'une accentuation, plus peut-être que d'une extension, de la fonction aspectuelle des formes verbales du français. Simplement la duration qu'on associe d'ordinaire à l'imparfait apparaît ici comme plus subjonctive * qu'indicative; c'est-à-dire qu'il y a une parenté réelle entre l'imparfait du discours indirect libre [1] et ces imparfaits « expressifs » de l'*Écume* ou de l'*Herbe rouge*. Le plus-que-parfait du second exemple ajoute sa valeur propre d'accompli. Marcel Cohen se demande si l'extension de l'imparfait n'est pas de quelque façon dans les textes littéraires proportionnelle à la désaffection pour le passé simple. J'ai le sentiment un peu différent que ces tours ne se comprennent que subordonnés aux, à l'intérieur des, grandes relations d'opposition qui sous-tendent le fonctionnement du système verbal. Vian et Queneau sont des écrivains à passé simple, Céline aussi l'était [2]. Je dois ajouter qu'on entend des imparfaits de cette sorte dans le récit enfantin, je veux dire

1. Marcel Cohen, *Grammaire et style*, Paris, Éd. sociales, 1954, p. 105 et sq.

2. Mais Vian se conforme avant la lettre au modèle que propose E. Benveniste pour le français littéraire en train de se faire : jamais dans ses romans le passé simple n'est associé aux vraies personnes, la première et la deuxième.

dans les récits que font les enfants, où ils sont couplés avec le passé composé et même, quand un conte de fées est rapporté, avec le passé simple. Comme pour les jeux énumérés plus haut, - à-peu-près, calembours, prise au pied de la lettre, qui sont les procédés poétiques courants de la conversation populaire -, on retrouve donc ici les modèles subreptices de la langue orale [1]. La grande leçon en a été éloquemment tirée par Thibaudet dans son *Flaubert* : « ... un style écrit ne se renouvelle, n'acquiert vie et perpétuité que par un contact à la fois étroit et original avec la parole... Aujourd'hui encore, avoir un style, c'est avoir fait une coupe originale dans ce complexe original qu'est le langage parlé [2] ».

1. Peut-être le discours enfantin a-t-il aussi procuré le modèle du conditionnel très inattendu de Chick, p. 38, « Ça n'aurait aucune importance », qui amène la jolie déclaration : « Toi non plus tu ne ressembles à rien de connu ».

2. Cité par M. Cohen, *ibid.*, p. 102. Voir ci-dessous, p. 103. Voir aussi des références, très suggestives quant à l'inclusion du dialecte parlé dans le dialecte littéraire, dans M. Cohen, *Le français de tous*, *Cahiers du CERM*, 1971, nº 95, 40 p. ronéotées.

• *Homologies*

Il peut naturellement exister des correspondances entre catégories de la langue et catégories du discours. C'est ainsi qu'à certains des faits inventoriés sous le chef de la littéralité répond, au niveau du discours, par exemple l'usage des clichés. La fonction reste la même : en exhibant la conventionnalité du langage, rendre intenables et le nominalisme vulgaire et les attitudes apprises. Quelques exemples; p. 7 « ... aux sillons que le gai laboureur... », p. 16 « disposé à cet effet », p. 18 « au fond des âmes les mieux trempées, un frisson d'incoercible terreur », p. 55 « tel un précieux bijou », p. 58 « Elle était ravissante et radieuse dans sa robe blanche », p. 74 « Il émanait de son corps souple et ascétique une radiance extraordinaire... », p. 125 « d'une simplicité pastorale »... L'exemple de la p. 58 est spécialement significatif : l'un des signaux par lesquels Vian enjoint à son lecteur de ne pas *s'émotionner* ; même chose p. 125.

Au jeu des paradigmes répond aussi un *jeu des syntagmes* dont la recette est facile : velours à côtes + Côte d'Ivoire → velours à côtes d'ivoire (p. 47). Parmi d'autres : p. 10, un repos pour les yeux ouverts; p. 34, des petits fours sur un plateau hercynien (déjà cité); p. 52, j'en ai pour cinq minutes d'indulgence; p. 124, bois de fer étamé; p. 152, agents + gens d'armes → agents d'armes; p. 159, il faut que nous vous passions à tabac de contrebande. C'est un tabac très fort... La formule peut être soustractive : p. 54, Bougre de (fai) néant, comme était soustractive la Béniction du Chevêche, ou un peu plus complexe que la simple addition : p. 23, que vous écorcherez, malgré ses cris; p. 29, comme bonnes à presque tout faire (d'autant plus plaisant qu'il s'agit dans l'imagination de Colin de faire plus que tout)... On retrouve ici « Le libraire fumait le calumet de paix... qu'il bourrait de feuilles d'olivier »; dans, p. 120, « Je voudrais me retirer dans un coing. A cause de l'odeur. Et puis parce que j'y serais tranquille », le fruit joue exactement le même rôle que la pomme dans le poème de Michaux; p. 132, « des turboalternateurs généraux » ridiculise la catégorie des directeurs généraux [1].

1. Ces jeux métonymiques sont extrêmement fréquents dans les poèmes de Prévert, et chez les chansonniers anarchistes du type Ferré; on en trouve dans les *Cantilènes* de Vian : « Défense de cracher du sang, Défense de fumer des harengs ... » Côté prose, ils font, au moins à première vue, l'essentiel du style de San Antonio.

• *Registres*

Sans doute l'apothicaire, ou l'homme de l'usine, recourent-ils à des mots techniques, signes d'un savoir spécialisé. Mais l'emploi de registres multiples est lié surtout dans l'*Écume* au personnage de Nicolas. P. 9, le premier dialogue entre Colin et Nicolas est « tenu »; côté Colin, la politesse et même une certaine déférence; côté Nicolas, la discordance, déjà, entre l'usage d'une langue noble et le thème ordinaire de la conversation. Le *Voui* de Colin marque à la fois approbation et fatigue. Un autre jeu curieux s'installe chez Nicolas, pour longtemps (l'épisode de l'hôtel), entre un langage de serviteur à maître et un langage d'homme averti de sa propre importance : de bas en haut, de haut en bas. La dissonance dans le langage, on l'a noté, apparaît comme le corollaire du caractère protéen de Nicolas. Obséquieux : « Puis-je me permettre de prier Monsieur de bien vouloir m'autoriser... ». Noble : « J'ai l'orgueil de ma position, Monsieur, et vous ne sauriez m'en faire grief ». Vulgaire : « Quoi ? Il y a juste le gaz et un frigiploque, comme partout. Qu'est-ce que vous imaginiez ? ». Technique, à la limite du pédantisme : « Il serait dangereux d'ouvrir le four actuellement... Il pourrait en résulter une dessiccation consécutive à l'introduction d'air moins riche en vapeur d'eau... ». Il lui arrive même d'être naturel : « Qu'est-ce qu'elle a ? Je peux faire quelque chose ? »...

Plus insidieux est l'usage très fréquent que fait Vian, dans la description, d'un style qu'on dirait volontiers technocratique. Ses composantes s'identifient aisément : administrative (p. 16, « disposé à cet effet », « affecté au service »), et technique (p. 17, « ... le niveau sonore des moments d'affluence où il présente une analogie... »); on croirait par moments à un pastiche avant la lettre de l'école du regard, - le ton du constat compétent. Mais d'autres composantes à l'intérieur du même fragment, de la même phrase (« ... où il présente une analogie avec le bruit des pas d'un régiment dans de la boue giclant sur du pavé »), éclairent l'intention : en moquant la manie valorisante d'un langage où les vocables, soit en deçà soit au-delà, ne collent plus à leur acception normale, moquer la façon d'être et de penser de l'homme intégré.

J'ai relevé encore, à propos des textes 1 et 2, un autre ton, « récit de voyageur XIXe », qui provient pour l'essentiel non pas de relations véritables mais de Jules Verne, et qui a été une des sources stylistiques du récit surréaliste de rêve-rêve ou de rêve éveillé : chez Desnos, par exemple, plusieurs des paragraphes des *Profondeurs de la Nuit*.

Nulle part la relation explicite-implicite, qui est un attribut du discours, non pas de la langue, n'apparaît plus clairement que dans le dialogue. Un des trucs de Vian, homme de théâtre ou dialoguiste de roman ou de cinéma, est de charger de signification, par le truchement du contexte, un élément de langage aussi anodin que l'interjection. C'est en effet le propre de l'interjection que d'équivaloir à elle toute seule à un énoncé entier [1]. P. 15 : « Je ne sais pas décrire, dit Chick. Elle est jolie... - Ah!... dit Colin »; même page, avec outrance comique : « ... je lui ai dit : « Je vous aime beaucoup » - et elle a dit : - « Oh ! »; p. 39 : « - Oh !... murmura Chick. Dans le cristal le vin luisait d'un éclat phosphorescent... »; p. 43 : « Mais... je veux bien me rapprocher tout de même. - Oh ! ... dit Colin, et il rougit »; p. 98 : « Faites attention, c'est très actif. Ne dépassez pas la dose. - Ah ! dit Colin. Et, d'après vous, c'est contre quoi ? - Je ne peux pas dire... répondit le marchand... Ça peut être pour beaucoup de choses... Mais une plante ordinaire ne résisterait pas longtemps à ça. - Ah ! dit Colin ». Ce set de mots brefs finit par devenir un code; *euh* notamment, chez Chick, chez Nicolas, signifie l'embarras, vrai ou feint, quand la question posée touche à la vie sexuelle.

• *Passage ou non*

On sait à quel point le problème de l'unification verbale peut être important pour les romanciers d'aujourd'hui. J'ai tenté plusieurs fois déjà de marquer qu'il existe pour Vian, qui lui a donné une solution originale. Il y a un paradoxe dans cette solution.

L'une des techniques possibles est de ménager des passages entre ce qui est de l'ordre de la narration et de la description et ce qui est de l'ordre du dialogue : énoncés intercalés dont l'appartenance à l'un ou l'autre ordre reste indécise. Des fragments de monologue intérieur jouant sur le style direct

1. R. Jakobson, *op. cit.*, p. 214-215.

et sur l'indirect libre font par exemple assez bien l'affaire. C'est à l'invention d'une technique de ce genre qu'ont tendu Aragon et, dans sa dépendance de Dos Passos, Sartre. « Les petits n'y comprennent pas grand'chose. Un étrange bled, où l'on sent la guerre ancienne encore présente, malgré les bâtiments de loin en loin, des fermes gigantesques nées des indemnités de la Reconstruction. Puis, dès qu'il fait du soleil, tout de suite, la poussière... Debout sur les crêtes, Sorbin essaye d'expliquer ce qui de tout ça est à proprement parler le Chemin des Dames, et il raconte comment, avec l'aumônier de sa formation, là... je crois bien que c'est là... il s'est perdu dans les lignes bouleversées, une suite d'entonnoirs... Tous ces lieux de souvenir jalonnés de fermes, l'Ange Gardien, la ferme Mennejean, la ferme de la Colombe... tu vois, là-bas, petit? et derrière nous vers l'Ailette... d'autres fermes, la ferme Malval, la ferme Hurtebise, le moulin de Vauclerc, Craonne... Sorbin, les noms lui suffisent à tout dire, avec leurs beautés amères... Et puis les creutes... Tu ne sais pas ce que c'est? Imagine-toi...

Ils ont visité une de ces immenses grottes [1]... ».

La technique de Vian est paradoxale en ceci qu'elle se fonde au contraire sur une coupure absolue. Il n'y a jamais de passage entre un ordre et un autre. On ne rencontre pas un seul présent dans ce qui n'est ni dialogue ni monologue intérieur; la langue des narrations-descriptions est organisée tout entière à partir du passé simple, choisi une fois pour toutes. A l'origine de l'impression d'égalité qu'on éprouve à la lecture, on ne voit que cette seule identité des schèmes phrastiques dont j'ai parlé. Même Queneau le proche échappe :

« ... il termina sans bavures son itinéraire. Des radis l'attendaient, et le chat qui miaula espérant des sardines, et Amélie qui craignait une combustion trop accentuée du fricot. Le maître de maison grignote les végétaux, caresse l'animal et répond à l'être humain qui lui demande comment sont les nouvelles aujourd'hui
- Pas fameuses
Il pense
- détestables,

1. L. Aragon, *Les communistes* III p. 40 Le livre de poche, 1967.

mais Amélie, une bonne, n'a pas besoin de connaître le fond de sa pensée, malgré ses quinze ans de service. Cependant, à l'arrivée du plat chaud, il ne put se retenir de pronostiquer la défaite des Roumains.
- Ils ne sont pas de taille à résister aux Allemands [1] »

à ce jansénisme, à ce purisme. Il faut croire que Vian s'y sentait à l'aise puisque l'*Automne* aussi est écrite de la même façon, et l'*Arrache-Cœur*. Des présents intemporels apparaîtront dans l'*Herbe rouge*.

1. R. Queneau, *Un rude hiver*, Éditions Gallimard, 1939, p. 13-14.

L'IMAGE

Le jeu des syntagmes est une figure de rhétorique ancienne dans la langue parlée, récente dans la langue littéraire[1]; le cas de la contrepèterie, Rabelais mis à part, est patent : qu'on pense au sort fait aux proverbes par les surréalistes, du contrepet simple (« Plus fait violeur que doux sens », Desnos) à la double ou triple commutation (« Il faut battre sa mère pendant qu'elle est jeune », Éluard).

L'image, quoi qu'on ait dit, est une catégorie de la pensée qui transcende la figure de langage : il y a des métaphores plastiques (les Vanités), ou cinématographiques (le début du *Chien andalou*). Quand on prend l'*Écume*, en un sens l'image est partout. Par le pouvoir des mots mêmes du récit et de la description, des mots rendus, comme dans un poème, à la labilité et aux valeurs paradigmatiques, et conférant en conséquence à leurs signifiés une fonction proprement iconique. Par l'écartèlement nécessaire de la lecture entre un cheminement littéral et un autre, allégorique; comme dans le monde des archaïques, tout peut être signe, renvoyer à cet au-delà où se forment les significations majeures. C'est sans doute pourquoi on ne trouve dans l'*Écume* que peu de métaphores au sens strict. En voici, à titre d'hypothèse de travail, la typologie.

• *Métaphores structurales*

L'une au moins est clairement structurale. Elle lie, on l'a vu, dans une gerbe qui du début à la fin inexorablement se fane, les dimensions de l'appartement, sa lumière (les soleils, les fenêtres), le, comment dire, « confort » de la souris grise, la quantité de doublezons, la santé de Chloé. Les visiteurs sont sensibles surtout à l'inexplicable rétrécissement, assombrissement, liquéfaction des lieux. Colin, assez vite, sait. P. 118 : « ... Est-ce que c'était comme ici, avant? - Non, avoua Colin. Ça change partout. Je ne peux rien y faire. C'est comme la lèpre. *C'est depuis que je n'ai plus de doublezons...* » P. 119 : « - Ça ne chauffe pas, les radiateurs? demanda Chick... - Si, dit Colin, ça chauffe toute la journée, mais il n'y a rien à

1. Exemple apparemment exceptionnel, *Le courtisan grotesque* d'Adrian de Montluc XVIIe s., qui utilisait le contraste romaine/italique, a été réédité luxueusement par Iliazd en 1974 avec des gravures de Miró et un contraste typographique horizontale/verticale.

faire. C'est ici que ça a commencé... - C'est la barbe, dit Chick. Il faudrait faire venir l'architecte... - Il est venu, dit Colin. Et, depuis, il est malade. - Oh ! dit Chick. Ça s'arrangera, probablement. - Je ne crois pas, dit Colin... » Je vois peu d'équivalents à une telle image dans la littérature contemporaine. Ce dépérissement continu fait bien penser à d'autres procès, mais de sens inverse : la plante verte d'*Hellzapoppin* * qui devient arbre géant, le cadavre de *Comment s'en débarrasser*... Il possède cette originalité d'être l'équation décroissante de termes multiples dont l'un, les doublezons, ressortit à une « sociologie ».

• *Métaphores obsessionnelles*

Seconde métaphore : le monde comme piège. J'ai longtemps hésité pour elle entre catégorie structurale et catégorie obsessionnelle. Tant de réserves on peut faire sur l'innocence des obsessions chez quelqu'un de l'ère post-freudienne, de surcroît très intelligent ! Images issues authentiquement, spontanément, des fonctionnements clandestins de l'esprit, ou bien langage figuré *choisi* pour parler de la mort ? Quelle qu'en soit l'étiologie, en fin de compte, langage [1].

Une « vie » de la matière

Il s'agit à première vue d'une biologisation généralisée des objets et de l'inerte. Dès le début du livre, un détail, il semble, gratuit : « Il vida son bain en perçant un trou dans le fond de la baignoire »; puis on voit Colin arroser le cuir de ses chaussures d'engrais concentrés, on voit la vitre brisée de l'hôtel repousser, et on comprend que la paroi de la baignoire se cicatrise d'elle-même de la façon la plus quotidienne. Cette vie accordée à la matière, ce pourrait être la traduction littéraire d'un immanentisme optimiste. Mais non. Car à la fin

1. Il n'en reste pas moins, naturellement, que même à ce niveau un choix est fait et qu'il est significatif. Mais le point de vue des psychanalystes est à peu près sans intérêt dans une étude comme celle-ci, littéraire, non pas psychologique. Peut-être, d'ailleurs, y a-t-il dans le livre *une* obsession imposée par le soma, celle, pour quelqu'un qui a dû chercher spasmodiquement son souffle, de l'inhalation : en XXI les machinistes de la patinoire, en XLVIII les ouvriers de l'usine de Chick meurent faute d'un adjuvant à la respiration, - que Chloé, de son côté, trouve dans le parfum des fleurs. Mais en 1946 Vian était-il si sensible déjà à l'apnée?

tout retourne non pas à la poussière mais au visqueux. C'est du Teilhard cul par-dessus tête : de l'homme à l'animal, de l'animal au végétal, du végétal au minéral, du minéral dur (c'est déjà mauvais signe que Molitor soit un organisme pétrifié) au minéral gluant. Avec des catégories intermédiaires, un homme à tête de pigeon, des machines mi-intestins mi-tubulures, des semelles mi-cuir mi-plante.

Un viscéral, donc, qui confond les règnes, tel est le sentiment qu'on se forme d'abord devant des régénérations miraculeuses dont on se demande ensuite seulement si elles ne sont pas des néo-formations. Elles commencent par les paupières de Colin; suivent la paroi de la baignoire, les semelles, le carreau de l'hôtel... Mais entre-temps les catégories intermédiaires se sont à leur tour inscrites : l'hybridation, p. 11, du mimosa en boules et du ruban de réglisse; celle du cuir et du végétal qu'impliquent le veau tissé ou les chaussures poussant à l'engrais; la robe d'Isis pourrait mordre, la cravate de Colin le fait. Un fauteuil et des saucisses opposent la même mauvaise volonté radicale à qui veut les saisir. A la fin, les cœurs brûlent (dérision du Sacré-Cœur rayonnant des chromos pieux et d'Odilon Redon) et l'or mûrit (une très vieille image; on a cru pendant des siècles à la gestation des pierres et des métaux précieux dans les matrices de la terre). Or ce ne sont là encore que détails, amuse-gueule. Il faut pour les éclairer, pour leur donner du sens, des représentations autrement cruelles : dans les vitrines, la jeune femme à la poitrine nue, le boucher de l'Assistance publique et les petits enfants relèvent d'une espèce innommable, à la fois mannequins-objets et personnes vives; tout de suite après, un cran en dessous dans cette tératologie, le ventre de Serge monté sur roues; c'est déjà les grenouilles à tuyères, c'est déjà le « lapin modifié » d'un Dr Moreau apothicaire, l' « animal composite, mi-chair, mi-métal » qui dans la boutique-laboratoire métabolise « la matière de base » jusques et y compris à son excrétion. Et quand la machine s'emballe, on lui tire un coup de carabine. Chacune des pilules livre au mal de Chloé un combat de bêtes. Il y avait aussi dans l'enregistreur de Chick « une sale bête, pleine de pattes ». Dans son usine, c'est un cœur mécanique dont la pulsation fait circuler comme un sang leucémique « une eau terne et qui sentait l'ozone »; les engrenages de ses machines *trapues* sont *avides* d'hommes. Puis le four de Nicolas s'avachit, les tôles s'amollissent d'une façon qui n'est plus même animale, les fusils fleurissent. Car il y a en effet une hiérarchie des monstres; car de toutes les hybridations, homme-animal, homme-végétal (dans l'*Automne* un personnage, planté là, prend racine), homme-machine, animal-machine, végétal-objet..., la pire est celle de l'objet fabriqué et de la matière inerte, parce que la matière inerte, et plus encore dans son état amorphe, est le terme de l'involution. Reconnaître que derrière tout il y a la matière, c'est reconnaître que derrière tout il y a la mort. L'île des morts change de forme avec le poids de l'eau. P. 171, « Les porteurs lançaient des coups de pied dans les arbres et leurs lourdes chaussures marquaient, sur l'écorce spongieuse, de profondes meurtrissures bleuâtres »; c'est une des plus belles phrases du livre.

La contagion de la mort

Étrange généralisation du darwinisme : tout ce qui est vivant tend à tuer. Et tout ce qui est mort tend à la contagion de la mort. Le procès qui fait resurgir la vie de la mort est aveugle et sourd et privé de sens, il échappe à l'homme, il est de l'ordre de la nature, ennemie qui ne sait pas qu'elle est ennemie et dont la vigilance pourtant ne s'interrompt jamais. Peut-être est-ce une des raisons pour lesquelles les jeunes gens de l'*Écume* sortent d'un passé inconnu sans géniteurs [1]. Le monde est piège. A la sortie de l'église de son mariage, il fait froid et Chloé se met à tousser. La blancheur de la neige est elle aussi mortelle : p. 70-71, « - Regarde comme elle est jolie, dit-elle à Colin... - Oui, dit Colin. Mais tu as tort de toucher ça. Tu vas avoir froid. - Oh ! non, dit Chloé, et elle se mit à tousser... »; p. 72, « ... Prends-moi dans tes bras. J'ai froid. C'est cette neige... »; p. 128, « Le seul ennui, c'est les taupes de neige... Elles font de gros monticules de neige et on tombe dessus... ». La souris échappe tout juste à la coalescence visqueuse de l'appartement qui achève derrière elle d'adhérer à lui-même.

La métamorphose est piège. Elle va, dans l'*Écume*, à peu près toujours dans le même sens : encore une fois, de l'homme

1. Jacquemort dans l'*Arrache-Cœur* est « né sans souvenirs à l'âge adulte ».

à l'animal, de l'animal au végétal, du végétal au minéral solide (duquel le froid, la glace participent), du minéral solide à la pâte plus ou moins aqueuse (est-ce pour cela que Chloé doit s'abstenir d'eau? P. 109, p. 111). Que dans cette descente vers des enfers plus du tout anthropomorphiques, le végétal soit quelque chose de pire que l'animal, une page du livre le dit explicitement : p. 108, « - Elle a un nénuphar? demanda Nicolas incrédule. - Dans le poumon droit, dit Colin. Le professeur croyait au début que c'était seulement quelque chose d'animal. Mais c'est ça [1]... ». Une plante est le meurtrier de Chloé. Pourquoi un nénuphar? Parce qu'il est en lui-même signe et symbole de la continuité mauvaise des éléments? Il naît dans la bourbe des étangs, traverse leur eau morte, s'épanouit à l'air libre. Libre? Que non pas. Il s'épanouit dans la lumière de l'illusion. Comment les Égyptiens ont-ils pu s'y tromper, l'associer à la bonne mort? Il n'y a pas de bonne mort, et le nénuphar ne cesse d'alimenter par ses longues veines, de tout un métabolisme chthonien, sa corolle faussement détachée. Séféris dit :

« ... ces veines qui m'échappent
Là où s'achèvent les nénuphars et cet homme
Qui marche en aveugle sur la neige du silence... »

Ce doit être une autre des motivations de Vian, la ressemblance des pétales avec l'épiderme diaphane qu'il a attribué à Chloé, dans la translucidité duquel se devine le réseau des veinules [2]. Nouvel exemple de « surdétermination [3] ».

1. P. 98, l'apothicaire : « ... une plante ordinaire ne résisterait pas longtemps à ça... ».

2. La même qualité à Colin. P. 46 : « Il était si gentil qu'on voyait ses pensées bleues et mauves s'agiter dans les veines de ses mains ». Il est arrivé à Vian de jouer sur les deux classes, nominale et adjective, de *mauve :* « ... Avec des bois veinés de mauve/Lisses comme elle sous les doigts », *Cantilènes*, p. 156.

3. Dès le canevas publié par Rybalka (p. 7, n. 1), on lit : « Elle était un peu fragile. Sur ses mains, on lui voyait des veines bleues fleur de lin ». J'ai insisté déjà sur le soin apporté par Vian à la fabrication du système des noms propres. Il est parti d'un Zin *(zolin);* la réfection repose sur le groupement Nicolas - *Colin* - Chloé (p. 58-59). La forme *Chloé* est surconnotée par sa valeur étymologique de « jeune pousse verte », son association première au nénuphar à cause de *Girl of the Swamp*, la métathèse de Colin qu'elle réalise. Il me paraît très démonstratif que les deux structures, la verbale (celle des trois noms) et la métaphorique, sans nulle homologie, soient mises en relation significative par le récit.

Image « obsessionnelle » aussi, liée à la précédente, plus spontanée peut-être ?, celle de la liquidité, avec sa tension entre une positivité qui est celle de la lumière solaire et une négativité elle-même partagée entre la sanie et l'humidité obscure. La lumière : liquide et aérienne en même temps, cela va de soi. P. 8-9, « ... un soleil brillait de chaque côté, car Colin aimait la lumière... Les souris de la cuisine... couraient après les petites boules que formaient les rayons en achevant de se pulvériser sur le sol, comme des jets de mercure jaune »; p. 11, « Il ... mit, en passant, quelques gouttelettes de soleil dans son briquet »; p. 106, « La lumière s'enfuit de la pièce en un torrent clair qui disparut sous la porte et dans un trou d'aération... ». Les alcools du pianocktail, « un liquide avec des irisations d'arc-en-ciel », « un cocktail gris perle et vert menthe », et le sauternes phosphorescent appartiennent au même bord. L'accointance du corps féminin et avec la lumière et avec l'eau lustrale relève elle aussi d'une très ancienne image, mais réalisée de façon neuve dans la littérature de notre temps par Schwob, par Apollinaire, par Breton, par Éluard. P. 148, qu'Alise se dévête fait la lumière dans l'appartement aux fenêtres colmatées; et, p. 162, la chevelure de la jeune femme est à ce point d'espèce solaire (p. 163 : « En écartant un peu le revers de son veston, il se trouvait tout baigné de soleil ») que les flammes ne peuvent rien contre elle.

Mais il y a lumière et lumières, et celles-ci ne sont pas du bon côté. P. 77, « Chick, fébrile, tournait des boutons sur son enregistreur. Il produisit une grosse lueur verte qui s'enfuit au ras du sol et disparut dans une fente du parquet... »[1]; p. 132, « Le passage était très sombre, éclairé, tous les six mètres, par une ampoule rougeâtre, dont la lumière ruisselait paresseusement sur les objets lisses... »; c'est peu de chose mais le contexte lui donne un accent sinistre; une lumière rouge et épaissie, c'est du sang, déjà.

Le ruisseau d'alcool et d'éther qui sous les trottoirs du quartier médical charrie les déjections du métier, sang et sanie, morceaux de chair, tampons, pansements « déroulant leurs anneaux endormis », est décrit avec une insistance rare. (Pro-

1. Avec de mêmes mots : s'enfuit, disparut, l'exemple 77 et l'exemple 106 sont de sens inverse.

cédé souvent vérifié, la réaction de Chloé et Colin est par rapport à ce que serait la nôtre décalée; elle ne remet rien en question, elle est acceptation et horreur modérée : « Je n'aime pas ça, dit Chloé. Comme air, c'est très sain, mais ce n'est pas agréable à regarder... - Non, dit Colin »; cette relation spectacle-personnages rappelle la scène des vitrines, pp. 41-42.) Il y a dans l'*Arrache-Cœur* une image apparentée, le « ... ruisseau rouge dont la surface arrivait presque au ras du sol, sans une ride, sans un pli, et sur lequel flottaient des débris non identifiables comme après la digestion... De la couleur de la bave du crache-sang, rouge clair et opaque », qui évacue on ne sait où, instrument collectif, avec son nocher, de purgation et de bonne conscience (il est interdit de parler de la honte), la saleté mentale, les chairs pourries, les cadavres de bêtes torturées et d'apprentis. Rouge aussi, « et poisseuse comme du sang épais », la condensation sur les montants de la machine à explorer le temps passé, dans l'*Herbe*, justement, *rouge*. (Mais dans l'*Automne à Pékin* la « ligne de foi » et le chemin de fer parallèle qui s'abîmera en elle sont des espèces de rivières sèches, ce qui convient à un désert. Dans l'*Arrache-Cœur* et dans l'*Herbe rouge*, l'eau bout dans les puits et l'alcool dans les verres; cet autre état de la liquidité n'apparaît encore ni dans l'*Écume* ni dans l'*Automne*.)

Ainsi le sang occupe-t-il dans la physique poétique des fluides la place d'élément intermédiaire entre le lumineux et l'amorphe. Il est très curieux qu'une même image dans l'*Écume* tienne son sens et sa qualité de son association à chacun des trois niveaux : p. 99, niveau 1, le soleil est un poulpe doré; p. 104, niveau 2, « ... une large nappe de coton rougeâtre et molle comme une méduse malsaine »; p. 20, niveau 3, « ... comme une méduse de papier mâché écartelée par un enfant cruel ». *Poulpe*, *méduse* sont ici de quasi-synonymes; mais *poulpe*, une fois, relève de la positivité, *méduse*, deux fois, de la négativité; a-t-il suffi, pour induire cette « sémantique syntagmatique », de la très légère différence des connotations entre les deux vocables dans la « sémantique paradigmatique [1] »? L'humidité froide et sombre achemine vers la mort. Rien que dans les trois pages du chapitre L : « Il n'y avait aucun bruit dans l'escalier sinon, de temps à

1. Voir la n. 1, p. 21 et la n. 3, p. 125.

autre, un léger craquement suivi d'un éclaboussement humide lorsqu'une marche se détendait... Le bois du parquet giclait sous ses pas... Elle se rappelait encore la sensation du parquet froid comme un marécage... Isis entendit le bruit humide des pas de Colin dans l'entrée ». Incidemment, la présence de *marécage* comme terme d'une comparaison rappelle l'appartenance du nénuphar au monde de la profondeur boueuse, terre, eau et déchets organiques mêlés[1]. A la fin, au-dessous encore, le visqueux : « Derrière elle, d'un coup, le plafond rejoignit le plancher et de longs vermicules de matière inerte jaillirent en se tordant lentement par les interstices de la suture ».

La cohérence se révèle comme l'attribut fondamental de toute cette imagerie. Comme dans le groupe surréaliste, mais avec plus de rigueur, une pensée analogue à la pensée mythique, et plus ou moins justiciable des mêmes procédures d'analyse et d'interprétation, s'est élaborée à de multiples niveaux; le petit essai que voici aurait pu être plus bourré encore qu'il ne l'est de références croisées.

• *Métaphores ornementales*

Il reste, naturellement, en dehors de ces images fonctionnelles, un certain nombre d'images qui ne sont que des ornements du discours, - et qui peuvent être belles : « ... elle se mit à tousser comme une étoffe de soie qui se déchire ». Encore certaines d'entre elles ne sont-elles pas irréductibles à des thèmes[2]. P. 102, pour Chloé, « Elle était tiède et odorante. Un flacon de parfum, sortant d'une boîte capitonnée de blanc », p. 45, pour Alise, « Je n'ai pas de parfum... - C'est naturel, dit Chick. - C'est merveilleux!... dit Colin. Vous sentez la forêt, avec un ruisseau et des petits lapins » : on retrouve l'opposition entre la fragilité en quelque sorte luxueuse de Chloé et la robustesse d'Alise[3], - entre « culture » et « nature ».

1. Ci-dessus p. 22, 59, 92.

2. Celle qui vient d'être citée relève peut-être du passage du vivant à la matière.

3. *Herbe rouge*, p. 26 : « Tu sens bon, Folle, dit-il. J'aime ton parfum. - Je n'en mets pas, répondit Folavril ». La relation de Wolf à Folavril est assez parallèle ici à celle de Colin à Alise.

Qu'on me laisse le redire : il va de soi que, scindées nécessairement par la démarche analytique, les justifications ici inventoriées d'un mode d'écriture ne font qu'un avec le projet même du livre.

1. *Fonction de pudeur.* La dernière page de *l'Écume* en est un bon exemple. La réaction anti-romantique a instauré solidement dans notre littérature, y compris celle qui continue le romantisme, la prohibition du pathos. Le mécanisme, je l'ai signalé, est à double détente : au moment même où le pathétique va devenir, pour notre sensibilité contemporaine, intolérable, une clownerie langagière le brise; immédiatement à la suite, nous comprenons que si clownerie il y a eu, c'est que l'émotion était authentique. D'où un effet paradoxal de déchirement.

2. *Fonction ludique.* Jeu des paradigmes, jeu des syntagmes. Qu'on me permette encore de redire simplement ici que l'aptitude au jeu manifeste le plus haut degré de possession, de maîtrise [1]. Et c'est d'une certaine façon annuler l'opacité du langage que de disposer ainsi de lui, - dans les limites où ses structures l'autorisent; c'est lui restituer, dans le fonctionnement même de cette littérature *dont il est constitutif*, un statut dialectiquement ancillaire [2]. On est à l'opposé du fétichisme de certains de nos contemporains. Le langage peut servir à la littérature, comme il peut servir à autre chose.

3. *Fonction de démythification du réel.* Noms de couleur, titulatures, images... Qu'on pense à la peinture-gag de Magritte. Il y a des cadres sociaux de la perception comme il y en a de la mémoire, et ils sont liés aux valeurs monétaires des mots. Sociaux, donc relatifs, alors que nous les absolutisons. Toucher au langage, c'est les remettre en question, c'est décaper les choses, comme peut le faire de son côté la

1. Sur les relations entre jeux de mots et procédures d'analyse linguistique, voir Denise François, « Le contrepet », *La Linguistique*, 1966, 2, 31-52.

2. Vian : « Il n'y a pas de mystère pour moi dans les mots. J'aime bien jouer avec. *C'est pitoyable la peur que les gens ont des mots :* ils se laissent dominer par eux », entretien avec François Billetdoux, *Arts*, 3-9 avril 1953; cité par Rybalka.

métaphore. (Proust : « Et je plaignais un peu tous les dîneurs, parce que je sentais que pour eux les tables rondes n'étaient pas des planètes et qu'ils n'avaient pas pratiqué dans les choses un sectionnement qui nous débarrasse de leur apparence coutumière et nous permet d'apercevoir des analogies[1] »).

4. *Fonction de distanciation.* Passage de l'hôtel par exemple (XXVI). Elle est nécessaire à l'allégorie. Il faut que le lecteur obtus que nous sommes soit *contraint* à une double lecture; il faut donc par tous les moyens l'écarter d'une lecture « réaliste », et de la tentation de s'identifier à l'un des personnages. Les fonctions 2, 3 et 4 sont solidaires; elles signifient le même refus de l'assimilation du langage à ce de quoi il sert à parler, et complémentairement de la constitution du langage en univers autarcique.

J'ai, bien évidemment, négligé, oublié des traits. Ainsi l'affection spéciale de Vian pour l'adjectif *mat*. On n'épuise pas un texte.

1. *A l'ombre des jeunes filles en fleurs*, p. 811 de l'édition de la Pléiade; Paris, Gallimard, 1954. Et Bergson : « ... nous ne voyons pas les choses mêmes; nous nous bornons, le plus souvent, à lire les étiquettes collées sur elles. Cette tendance s'est encore accentuée sous l'influence du langage... Nous nous mouvons parmi des généralités et des symboles... l'art n'a d'autre objet que d'écarter les symboles pratiquement utiles, les généralités conventionnellement et socialement acceptées, enfin tout ce qui nous masque la réalité, pour nous mettre face à face avec la réalité même », *Le rire*, Paris, P.U.F., 1941, 57e éd., p. 117 sqq.

Thèmes et affinités 3

Vian a eu cette chance, écrivain méconnu, au sens propre, c'est-à-dire mal lu, de devenir très vite l'objet d'un intérêt passionné chez quelques chercheurs et de susciter là trois par ou quatre livres de grande qualité ; plus, en somme, qu'on n'en a consacré à des auteurs plus âgés comme Michaux, ou Queneau, ou Marcel Aymé. Mais d'une part il y a toujours une histoire du déchiffrement de l'œuvre : qu'on pense au cas exemplaire de Proust; et d'autre part, à aucun moment de ce déchiffrement, aucune œuvre n'est univoque.

La thèse de David Noakes date de 1963, quatre ans à peine après la mort d'un écrivain « situé » encore par la plupart des critiques comme un amuseur [1]; la rédaction publique de cette thèse, de 1964 [2]. Dès la p. 9, Noakes invite à lire les romans de Vian comme une confession, « un cœur mis à nu ». Rybalka [3] (et même, mais dans une bien moindre mesure, Arnaud [4]) adopte la même attitude. Ce n'est pas ici le lieu de polémiquer, et d'ailleurs Noakes, et Rybalka, et Arnaud se montrent heureusement infidèles à leurs propres prémisses : la thèse de Noakes est le premier travail ample consacré à Vian, le livre d'Arnaud craque de richesses pas seulement psychologiques [5], le commentaire de Rybalka au thème du

1. Ou ignoré. Dans l'éd. de 1962 de son *Histoire du roman moderne*, R.-M. Albérès ne fait *aucune* place à Vian.

2. Paris, Éditions universitaires (Classiques du XXe s.).

3. *Boris Vian, Interprétation et documentation.* Paris, Minard (Les Lettres modernes), 1969.

4. *Les vies parallèles de Boris Vian.* Nouvelle édition augmentée. Paris, Union générale d'Éditions, coll. 10/18, 1970.

5. C'est Noël Arnaud qui cite, p. 226, ce fragment de Boris Vian : « Bref, enfin, je n'ai pas raconté mes amours dans mon premier roman, mon éducation dans un second, ma chaude-pisse dans un troisième, ma vie militaire dans un quatrième ; j'ai parlé que de trucs dont j'ignore véritablement tout. C'est ça, la vraie honnêteté intellectuelle. » Voir d'autre part son excellente défense contre tout reproche de « biographisme », *ibid.*, p. 245.

double ouvre la « grande critique » de l'œuvre. Je veux sans plus, pensant au public auquel s'adresse le présent petit livre, réaffirmer qu'il est inadmissible de procéder de la vie à l'œuvre et de l'œuvre à la vie comme si la relation était constamment nécessaire et nécessairement d'homologie, et le réaffirmer avec sérénité. Non seulement parce qu'il est toujours téméraire, du point de vue même de la méthode, de minimiser la part de l'élaboration romanesque, laquelle dépend de tout autres déterminations, à commencer par la logique du genre, que celle de l'autobiographie; non seulement parce que c'est mélanger la perspective de cette science de la littérature qui éprouve tant de difficultés à se constituer et celle de la psychologie, pour laquelle l'œuvre n'est considérée qu'en tant que stock d'indices [1]. Mais parce que l'œuvre est une visée, parce que l'œuvre mord sur le futur; et parce que ni l'*Écume* ni l'*Automne* ni l'*Arrache-Cœur* ne sont réellement autobiographiques, ni même sans doute l'*Herbe rouge* [2]. Extension assez abusive du sens usuel d'*autobiographique* que d'en qualifier un roman dans lequel un écrivain accomplit *aussi* une transposition de ses interrogations idéologiques, de ses inquiétudes et, je le veux bien, de ses complexes! A ce compte-là, et c'est vrai aussi bien sûr, il n'y a pas d'œuvre qui ne soit autobiographique et Madame Bovary c'est moi. Mais l'essence et l'essentiel de la création, n'est-ce pas d'être un procès d'*objectivation :* de fabriquer un *objet* parfaitement autonome, qui s'ajoute à une série d'objets analogues à l'intérieur d'une de ces grandes catégories d'activité à travers quoi l'Homme se fabrique lui-même?

Il y avait donc, j'enfonce les portes rouvertes, il y avait donc une vertu propédeutique et prophylactique à partir du texte, à le suivre humblement pas à pas, mot à mot, en essayant dans ce premier temps de la démarche de mettre entre parenthèses ce qu'on savait de son auteur et ce qu'on a dit de

1. Le temps viendra peut-être où une psychologie de la création littéraire pourra sans danger être intégrée à une Allgemein Literaturwissenchaft, et celle-ci à une critique « totalitaire » comme celle que tente, apparemment sans entraîner la conviction de ses contemporains, J.-P. Sartre dans son Flaubert *(L'idiot de la famille)*. Pas aujourd'hui.

2. Sur le caractère autobiographique de l'*Herbe rouge*, j'ai manifesté des doutes au cours du colloque de Cerisy. Vian a rédigé, *et dans un style différent*, beaucoup plus « vulgaire » au sens premier, de longs fragments autobiographiques. C'est donc bien que le dessein est autre.

lui; l'attitude ne serait pas exactement semblable s'il s'agissait d'un écrivain du passé, mais entre Vian et nous la dimension historique peut être tenue pour un invariant. On l'a vu, la recherche des structures, qu'il s'agît des récurrences romanesques, de la projection, agrandie, achevée, de l'organisation du monde qu'implique tout ce qui dans un livre semble ne se rapporter qu'à une « histoire », qu'il s'agît de la langue, ou de l'imagerie, a été une recherche des *cohérences*. Et peut-être après tout est-ce donner dans le domaine qui est le nôtre une glose au mot *structure* moins insatisfaisante que beaucoup d'autres que d'établir cette espèce de tautologie. Je n'ai pas hésité cependant, au cours des pages qui précèdent, à relever des affinités de Vian avec des écrivains, avec des dessinateurs ou des peintres; c'est que, dans l'ordre spirituel, nous sommes fils et frères de plusieurs, et même de beaucoup. Encore que j'aie mentionné *Hellzapoppin* * [1], j'aurais pu et dû insister tout aussi bien sur des aspects de cinéma burlesque, des gags visuels ou langagiers dans le déclenchement des situations.

Il s'agit maintenant, reprenant pour l'essentiel les mêmes matériaux analytiques, et leur ajoutant donc le cas échéant les indications biographiques auxquelles je m'étais dans l'ensemble [2] refusé, il s'agit de définir, à un autre niveau encore, ce en quoi Vian est un écrivain de notre temps, et un écrivain qui innove, par conséquent, en fonction de notre esthétique d'époque, un écrivain qui compte.

1. Vian a écrit pour la radio un sketch resté inédit, *Elsa Poppins* (le jeu de mots originel étant « Hell is a poppin »), cf. Rybalka, *op. cit.*, p. 199, dont le titre joue également avec celui de P.-L. Travers, *Mary Poppins.*

2. Ainsi me suis-je tout de suite débarrassé, p. 19, de cette indication que Vian n'est jamais allé aux Amériques. Mais en dehors des références croisées (d'un passage de l'*Écume* à un autre, d'un passage de l'*Écume* à un passage d'un autre des romans de Vian), les notes qu'on a trouvées en bas de page renvoient à ces œuvres littéraires, picturales, cinématographiques qui ont constitué, peut-on croire, le « fonds » que Vian a fait, à sa façon à lui, fructifier.

Pour beaucoup d'écrivains ou simplement de liseurs français depuis les années 40, le surréalisme a été avant tout un médiateur : entre eux et par exemple Lautréamont, ou bien Jarry, ou bien les symbolistes hétérodoxes comme Laforgue et Cros. Entre eux et Sade également, entre eux et le romantisme noir. Il devient difficile après coup de savoir pour son propre compte ce qu'on doit aux trouvailles directes et ce qu'on doit à l'inlassable recherche en paternités d'André Breton, - certainement, de tous les surréalistes, le plus intercesseur.

J'ai trouvé peu de chose dans les éléments biographiques que procurent Noakes, Rybalka et même Arnaud qui puisse satisfaire, en ce qui concerne Vian, une interrogation de cette sorte. Le temps d'une biographie intellectuelle n'est pas venu encore; c'est la seule qui compterait vraiment, mais il faut bien commencer, pour débroussailler le terrain, par la biographie civile, ce qu'ont fait les chercheurs que je viens de citer, et on ne saurait trop leur en rendre justice. Il est difficile toutefois, et pour nuancer l'opinion de David Noakes, il est difficile à la lecture des premiers essais littéraires de Vian, les sonnets que reproduit Arnaud dans les chapitres « Enfance » et « l'École centrale » et que Rybalka aussi date de 1941 à 1944, de ne pas penser que Boris avait une *culture* [1]. On n'écrit pas comme ça à partir du Lamartine des lycées; il y a là-dessous sinon déjà Queneau, au moins Corbière, Laforgue et Cros, et peut-être les *Sonnets du Docteur*, et peut-être Raoul Ponchon [2], Jehan Rictus, Fagus; liste non limitative... Un « bandoir » de Vian à Centrale, 1941, qui « s'orne d'un avant-propos en alexandrins (28 vers) et en vieux français », porte une épigraphe, en ce lieu impertinente, d'Anatole France. Boris Vian a laissé un témoignage [3] qui recoupe et conforte les inductions faites à partir de la lettre de ses romans : « Adolphe, le Docteur Faustroll, un Rude hiver et la Colonie pénitentiaire. Et Pylone. C'est mes cinq grands. Avant, à

1. Il ne s'agit ici que de sa culture littéraire. Tout court, elle fut énorme. « L'avenir est à Pic de la Mirandole », disait-il, *Je voudrais pas crever*, Paris, 10/18, 1972, p. 99.
2. Vian cite Ponchon; cf. Arnaud, *op. cit.*, p. 144.
3. Arnaud, *op. cit.*, p. 237, sans italiques pour les titres.

treize, quatorze, j'aimais bien Rabelais. Encore maintenant. (...) Je vais pas vous parler de mes goûts littéraires, quand même. Si. J'en ai oublié un. La merveilleuse visite, de Wells. Deux. Aussi la Chasse au Snark ». Constant (qui est aussi le père de Radiguet, de Françoise Sagan et de François-Marie Banier, on n'a pas les enfants qu'on veut), Jarry, Queneau, Kafka, Faulkner d'une part, Wells et Lewis Carroll de l'autre; Arnaud ajoute à la liste Marcel Aymé et Pierre Mac Orlan et, plus loin, Céline [1]. Il n'est pas besoin d'être astrologue pour lire dans ces constellations.

• *Père naturel : Flaubert*

Qu'on me laisse y adjoindre à mon tour une référence à première vue peut-être plus surprenante. On se rappelle le curieux usage de l'imparfait signalé, p. **81-82,** au chapitre « Écriture », et à propos duquel une allusion à Flaubert était faite. Or des indices, qu'on estimera peut-être ténus, semblent renvoyer à *Un cœur simple* comme à ce que nos illustres prédécesseurs eussent sans hésitation nommé une « source » de l'*Écume*. Voici d'abord [2] une triple attestation de l'imparfait en question : p. 15, « Félicité se retourna, et elle *arrachait* à deux mains des plaques de terre qu'elle lui jetait dans les yeux »; p. 29, « Elle fit le tour du bassin rempli de navires, *se heurtait* contre les amarres... »; p. 51, « ... elle mangea une croûte de pain... et *se consolait* de sa blessure en regardant l'oiseau ». Seconde parenté, l'écriture énumérative des descriptions : p. 52, « ... un *œil*-de-bœuf *regardait* la cour; une table, près du lit de sangle, supportait *un* pot à l'eau, *deux* peignes, et *un cube de savon bleu dans une assiette ébréchée.* On voyait contre les murs : des chapelets, des médailles, plusieurs bonnes Vierges, un bénitier en noix de coco; sur la commode, couverte d'un drap comme un autel, la boîte en coquillages... puis un arrosoir et des ballons, des cahiers d'écriture, la géographie en estampes, une paire de bottines... », etc., et, de façon plus troublante encore, des descriptions liturgiques : p. 61, « Tous les enfants des écoles, les chantres et les pompiers marchaient sur les trottoirs tandis qu'au

1. *Ibid.*, p. 281. Sur Mac Orlan, Rybalka, *op. cit.*, p. 84.
2. Les références sont celles de l'édition Conard, Paris, 1928.

milieu de la rue, s'avançaient premièrement : le suisse armé de sa hallebarde, le bedeau avec une grande croix, l'instituteur surveillant les gamins, la religieuse inquiète de ses petites filles; trois des plus mignonnes, frisées comme des anges, jetaient dans l'air des pétales de roses; le diacre, les bras écartés, modérait la musique; et deux encenseurs se retournaient à chaque pas vers le Saint-Sacrement, que portait, sous un dais de velours ponceau tenu par quatre fabriciens, M. le Curé, dans sa belle chasuble », rythmées par des rappels périodiques, p. 62, « Bientôt, on distingua le ronflement des ophicléides, les voix claires des enfants, la voix profonde des hommes. Tout se taisait par intervalles, et le battement des pas, que des fleurs amortissaient, faisait le bruit d'un troupeau sur du gazon [1] », et, p. 63, « Les fabriciens, les chantres, les enfants se rangèrent sur les trois côtés de la cour. Le prêtre gravit lentement les marches, et posa sur la dentelle son grand soleil d'or qui rayonnait ». On peut penser à tout le moins que Vian a été un lecteur attentif d'*Un cœur simple;* il faut aussi reconnaître que par cet éclairage a posteriori, c'est le « style » de Flaubert qui apparaît comme extraordinairement neuf, révolutionnaire [2]. Il y a enfin une certaine similitude profonde entre le conte de Flaubert et celui de Vian dans la présentation en quelque sorte existentielle de l'illusion chrétienne : la religion telle que vécue par Félicité, ou par Colin; et que l'on pense à l'audace presque incroyable de l'équation établie par Flaubert entre le perroquet et la colombe du Saint-Esprit. Quelque chose s'anime ici que les séquences, dans l'*Écume*, du mariage et de l'enterrement, - les dialogues avec le Christ -, vont faire passer à l'hallucination vraie.

• *Les Saints intercesseurs*

Cet excursus achevé, il faut revenir au surréalisme. Relever, d'abord, des faits diffus d'influence et d'affinité. Marquer, ensuite, la présence chez Vian de thèmes précis. On a indiqué déjà la probabilité que les surréalistes, et en particulier Bre-

1. Chez Vian, cf. *supra*, p. 84, « ... le bruit des pas d'un régiment dans de la boue giclant sur du pavé ». J'ai signalé également à plusieurs reprises, en bas de page, des « références » possibles à l'*Éducation sentimentale;* il y en aurait d'autres : le coffre de M. Dambreuse, la progressive déchéance financière des Arnoux...
2. Comme on sait, Robbe-Grillet ou Sollers se réclament ouvertement de sa leçon.

ton, ont joué, comme ils l'ont fait pour la plupart des gens de sa génération, le rôle d'intercesseurs entre Vian et certaines références d'importance majeure. Il y a eu une sensibilisation de la classe intellectuelle à la peinture fantastique, de Bosch jusqu'à Moreau ou Redon, au roman noir, au romantisme sarcastique et au romantisme mystique suivis jusqu'aux petits symbolistes, aux jeux verbaux de tous les temps, aux occultismes, à Sade, à Masoch, à la psychanalyse, à l'humour noir, au non-sens et aux logiques non-aristotéliciennes, dont le surréalisme a été, de tous les agents, le plus actif et volontariste. Ce pêle-mêle possède d'évidents traits communs : tous les anti-conformismes, toutes les revendications de libre fonctionnement de l'imagination, à qui confiance est faite pour « intensifier la vie [1] », s'y retrouvent. Dans ce climat, dans cette résurgence et affirmation de valeurs plus ou moins oblitérées par l'officialité bourgeoise, Vian a pu choisir ses Pères, entre tous Jarry. La *Chasse au Snark* était en 43 ou 44 un texte rare, et sans doute l'a-t-il connue dans la traduction d'Aragon, et peut-être le chat du dernier chapitre de l'*Écume* doit-il aussi quelque chose à celui d'*Alice;* le pianocktail, c'est l'idée de l'orgue à liqueurs reprise et élaborée par un ingénieur-pour-de-bon pour réaliser l'essence inspirée de Colin; mais Vian n'a-t-il pas fait la rencontre de Huysmans d'abord chez Breton qui dans *Nadja*[2] lui voue une révérence elle aussi à première vue surprenante ? A marquer ceci cependant qu'à la différence des surréalistes Vian n'a pas fulminé d'anathèmes. Pour des raisons d'espèce diverse, il n'aimait ni Roussel, ni Michaux, ni Paulhan ; mais il était devenu assez adulte pour se poser sans véhémentement s'opposer.

On a indiqué également dans quelle dépendance de l'expérience surréaliste se situe l'usage de la langue chez les écrivains d'aujourd'hui. On n'en est certes plus à tenter de manifester, par les automatismes des contenus inconscients tenus avec quelque naïveté pour nécessairement plus authentiques que les conscients, par les jeux du hasard verbal une essence de la poésie liée depuis Reverdy à l'écartèlement des termes métaphoriques. Desnos, Prévert, Queneau sont ceux des surréalistes chez qui le « hasard objectif » du coq-à-

1. Expression rapportée par M. Rybalka, *op. cit.*, p. 82.
2. Folio, p. 16-19.

l'âne, du cadavre exquis * et du l'un dans l'autre * est devenu procédé, figure à l'égal du contrepet, et c'est bien de l'écriture de ceux-là que l'écriture de Vian est la plus proche. Il faudrait probablement leur adjoindre Péret, Lise Deharme... Mais c'est une vérification instructive de la notion de style d'époque que de confronter les « arts poétiques » de Queneau (*Si tu t'imagines*, Paris, Gallimard, 1952, p. 237-251), de Desnos (« P'oasis », 1923; « Les quatre sans cou », « Aux sans cou » et surtout « Comme », 1934) et de Vian (« Je n'ai plus très envie », « Si j'étais pohéteu », « Un de plus », « Donnez le si » qui répond exáctement à « Comme », « Un poète », « Y en a qui ont des trompinettes », tous des années 51-52, *Cantilènes en gelée*, loc. cit.) : les parentés sautent aux yeux. Peut-être est-ce de Prévert, car sur ce point Desnos et Queneau sont impeccables, que Vian tient un certain laxisme, paradoxal chez un musicien professionnel, en matière de prosodie; moins souvent que chez l'auteur de *Paroles*, mais tout de même, on trouve chez lui des vers sans mesure, imprononçables, de la prose mise à la ligne, travail bâclé de parolier.

Je viens de dire qu'écriture poétique et écriture prosaïque font deux. Bien. Il n'en reste pas moins qu'avec et après Alphonse Allais et Raymond Queneau, Boris Vian a naturalisé à l'écriture de la nouvelle et du roman les procédés de la fonction poétique [1]. J'ai signalé aussi le ton Jules Verne comme un emprunt probable, et de même un certain usage des termes de couleur pour le décapage des modes ordinaires de perception et de pensée (on verra plus loin qu'il en est un autre usage). La présence d'expressions anthropomorphiques pourrait faire penser elle aussi à une continuité, celle de l'immanentisme romantique, dans le surréalisme; en réalité elle dénonce un clivage. D'une part, comme j'ai tenté de le montrer à propos de l'image, parce que le monde des objets et de la matière est le monde proprement de la mort. Parce que, d'autre part, Vian donne à ces expressions un excès, une espèce de coup de pouce, significatifs; qu'on pense au fauteuil rétif, aux saucisses spasmodiques. Si dans l'*Écume*, et dans les autres romans de lui, une menace mortelle réside bien dans les choses, c'est selon l'optique pascalienne : et

1. Comme Erik Satie les a naturalisés à l'écriture de l'argument musical. Cf. p. 16-17. Les textes de Satie ont commencé d'être réunis par Ornella Volta, Paris, Champ libre, 1977.

l'avantage que l'univers a sur lui, l'univers n'en sait rien. La critique de l'anthropomorphisme n'est pas chez Vian moins virulente que chez Robbe-Grillet, pour employer d'autres moyens. Un dernier détail : une des étrangetés de la langue des surréalistes et, à l'occasion, de Vian, est de réaliser des transformations passives du type prévu par la règle scolaire :

La route traverse de nombreux villages
→ De nombreux villages sont traversés par la route [1]

qui ne sont pas en fait idiomatiques, mais qui installent le lecteur dans ce descriptivisme à la Jules Verne qu'on vient de rappeler et dont le dessein profond est probablement de « faire sérieux », de faire accepter l'inacceptable.

• *Contre le goupillon*

Autre fait d'influence diffuse, un anti-christianisme que marque de façon très caractéristique la parodie liturgique. A l'arrière-plan, la critique nietzschéenne : une vérité consolante n'est consolante que parce qu'elle est une vérité; la honte du christianisme résulte intrinsèquement de sa nature d'illusion consolatrice; pour Vian, peut-être aussi la critique de Wells [2] dans *M. Barnstaple :* un univers parallèle, une planète peuplée d'êtres identiques aux hommes mais qui ont dépassé dans le mouvement de leur histoire l'état présent de notre civilisation et de notre mentalité; des monuments surmontés d'un symbole circulaire y portent le témoignage archéologique d'un culte disparu, qu'on y rendait à un dieu qui s'incarna et qui fut roué; le Jésuite embarqué dans l'aventure prend fort mal la parabole, et découpe sa soutane en petits carrés noirs qu'il veut à toute force coller sur le sexe de civilisés raisonnablement habitués à leur propre nudité. Au premier plan, la répulsion fascinée pour le rite et la représentation religieuse, le rite en tant qu'institutionnalisation de la bêtise, de la crédulité, la représentation en tant que music-hall à dessous sado-masochistes [3]. La messe noire de l'exposition surréaliste chez Daniel Cordier sera dite dans

1. Voir P. Le Goffic, « Linguistique et enseignement des langues, A propos du passif en français », *Langue française*, 1970, n° 8, 78-79.
2. La *Machine à explorer le temps* est une des sources de l'*Herbe rouge*, l'*Ile du Dr Moreau* de *Et on tuera tous les affreux*.
3. *Herbe rouge*, p. 121 : « ... le catholicisme et le music-hall, c'est du pareil au même. - Remettez-vous dans votre état d'esprit..., dit l'abbé Grille... le music-hall, c'est très important aussi ».

l'*Automne* par Claude Léon. Le Christ parleur de l'*Écume*, c'est celui dont le visage s'ouvrira d'un énorme ricanement dans *Nazarin* de Buñuel.

Ce n'est de toute façon pas un thème mineur chez Vian que celui du christianisme. Il est présent dans les quatre grands romans, sous une forme plus nuancée peut-être que ne l'ont vu les premières lectures critiques [1]. A peu près purement négative, en effet, dans l'*Écume* et dans l'*Herbe rouge* (p. 117 sqq.), avec cette réserve que, serait-ce pour la seule tenue du dialogue, l'argumentation de l'infâme n'est pas vide (supra, p. 44). Dans l'*Arrache-Cœur*, est-ce assez de dire, comme Rybalka, que le curé est un ordonnateur de spectacles ? L'univers du roman étant ce qu'il est, sa réitération désespérée que la religion, que Dieu est un luxe, se justifie entièrement; son dialogue avec Jacquemort, p. 59-60, son prêche, p. 65-68, montrent qu'il veut sauver cela seul exactement qui de son point de vue doit être sauvé; on pense à la scène de la procession dans la *Lupa di Calabria* de Lattuada; l'ironie de Vian s'enfonce d'ailleurs d'autant plus dangereusement d'avoir épousé ainsi, dans un moment de mimétisme, l'une des attitudes chrétiennes. Quant à l'abbé Petitjean de l'*Automne*, il a pris, lui, toute la mesure du système (p. 215, p. 263) et de lui-même (p. 228); s'il reste prêtre, s'il porte encore soutane, c'est, dit-il, qu' « il faut noyauter » (p. 289); formule sibylline; on peut penser cependant que c'est l'Église, plutôt que le monde, qu'il s'est donné pour mission très particulière de noyauter; il apparaît d'ailleurs, indice de poids, comme un personnage sympathique. Dans l'*Écume* en tout cas, la religion et la mort ont une articulation très précise : c'est en sortant de la cérémonie du mariage que Chloé tousse pour la première fois.

- *Contre le sabre*

Héritage encore d'une tradition libertaire et chansonnière, que le surréalisme a remodelée, l'anti-militarisme. Il y a à vrai dire quelque conformisme dans la perpétuation de cet anti-conformisme, avant et après la guerre, chez les gens par exemple du *Canard enchaîné*. Et si je cite le *Canard enchaîné*,

1. Je ne peux qu'indiquer ici les grandes lignes d'une discussion qui dépasse la seule *Écume*.

c'est à la fois parce que Vian y a fugitivement collaboré [1] et parce que le type d'écriture qu'on y utilise est le reflet, durci, appauvri, de celui dont j'ai tenté à plusieurs reprises d'indiquer le cheminement depuis Mac-Nab. Vian échappe quelque peu cependant à cette conformité. D'abord parce que son anti-militarisme, il l'affirme à contre-temps; 1946 est si proche encore de la Libération, même trahie, l'idéologie d'époque si marquée par le communisme orthodoxe, qu'à peu près personne ne met en cause la nécessité de l'armée, surtout, naturellement, de l'armée révolutionnaire; de ce point de vue, les pages de l'*Écume* sont curieusement hors du temps. Ensuite parce que Vian l'informe de toute une série de réflexions [2] et que, en particulier, il voit dans l'industrie de l'armement l'espèce la plus caricaturalement et significativement absurde de l'aliénation par le travail [3]. A la différence du thème chrétien, celui-ci ne reparaîtra plus dans l'œuvre romanesque mais bien dans l'œuvre dramatique : l'*Équarissage pour tous*, le *Goûter des généraux*, les *Bâtisseurs d'empire*.

Plus difficiles peut-être à cerner de façon évidente sont deux affinités encore de Vian avec le surréalisme; l'une concerne la fabrication de « mythes » contemporains, et nous en parlerons plus loin. L'autre concerne le goût du déguisement et de la mystification : noms anagrammatiques, œuvres placées sous des paternités pseudonymiques, affiliation à des maçonneries diverses, expérience de la traduction, comme du travail de l'acteur, ordonnancement de spectacles et réjouissances privées, tout cela se trouve en effet chez Vian. Dans une série de chapitres superbes, Rybalka fait du thème du double la clé par excellence de l'homme et de l'œuvre. Il est tentant, de fait, de « connexer » le couple Vian-Sullivan et le couple masculin de chacun des grands romans : Colin-Nicolas, Anne-Angel, Angel-Jacquemort, Wolf-Lazuli. On peut aussi, et c'est mon cas, ne pas considérer sans réserves cette hypothèse de travail; il faudrait ici des pages et des pages pour argumenter. Je me contente de suggérer quelques-uns de mes motifs : l'attitude de Noël Arnaud, qui connaît bien Vian, et qui voit dans la construction du personnage de Vernon Sullivan un fait relativement contingent, accidentel [4]; la

1. N. Arnaud, *op. cit.*, p. 584.
2. Arnaud encore en a cité les témoignages fragmentaires, notamment, p. 466 sqq., le *Traité de civisme*, dont Guy Laforêt a depuis assemblé le dossier.
3. George Orwell, déjà cité, *1984*, Hammondsworth, Penguin Books, 1967; p. 153 sqq.
4. *Magazine littéraire*, avril 1974, nº 87, 21-23.

présence chez Vian, dans la vie (le Major par exemple) et dans l'œuvre, du thème tout autre de l'amitié, masculine, certes, le plus souvent, mais aussi féminine (*Écume*, p. 111-113); plus profondément, plus généralement, depuis que Jean-Jacques Rousseau a découvert [1] que l'acte d'écrire crée une distance à la fois entre celui qui écrit et ce qu'il écrit, et entre ce qu'il écrit et ce dont il écrit, le dédoublement se situe dans la logique même de la fonction littéraire; si déterminations psychologiques il y a, elles sont secondes, non pas premières. Une telle situation, normale, peut certes avoir sa pathologie; mais aucun témoignage ne nous montre Vian possédé comme ont pu l'être Monnier ou Jarry, l'un par Joseph Prudhomme et l'autre par Ubu.

Si j'invoque maintenant une filiation plus élective de Vian à Breton, c'est parce qu'il existe de l'un à l'autre quelque espèce de récapitulation biographique : Jacques Loustalot, le Major, a joué pour Vian le même rôle de modèle en dandysme supérieur, suicide inclus, que Jacques Vaché pour Breton; Breton et Vian sont hommes d'une énorme culture tous azimuts (mieux maîtrisée chez Vian, me semble-t-il), notamment picturale... C'est, surtout, en fonction à la fois d'un sentiment dont je dois reconnaître le caractère intuitif (l'intuition étant entendue comme un court-circuit rationnel), et de l'attestation chez Vian des trois thèmes de l'amour fou, du socialisme utopique et de la démythification du travail. L'amour fou : il lui suffit d'une rencontre [2], il est donné tout entier, et pour toujours, coup de foudre sublimé par la si longue tradition courtoise que Colin et Chloé n'ont plus guère besoin, pour philtre, que d'un cocktail. Ils étaient Gérard et Chantal, ils sont d'un coup Tristan et Yseut.

• *Contre le mythe du travail*

On connaît le long attachement de Breton à Proudhon et surtout, pour des raisons non pas uniquement politiques, à Fourier [3]; il n'a pas ignoré le marxisme mais, à une époque où le jeune Marx n'était pas encore utilisé contre le Marx de la maturité, ou de l'interprétation soviétique, il a cultivé plutôt

1. Gaétan Picon, cours EPHE, année 1970-71, en partie réflexion sur Jean Starobinski, *La transparence et l'obstacle*, Paris, Gallimard.
2. L'arrangement de Duke Ellington.
3. Auquel Queneau pour sa part a consacré des articles plus serrés, dont « Les séries de Fourier et la logique de Hegel ».

les hétérodoxes, Lafargue, Guesde, Rosa Luxemburg, Bernstein, Trotsky. Est-ce la lecture de Breton qui a rendu Vian attentif aux traditions utopiste et libertaire du socialisme ? Sa parenté à lui serait plutôt saint-simonienne, quoique il ait pu tenir du Fourier de Breton non seulement l'idée de la libération du désir individuel mais aussi bien celle des « collectivités électives » autogérées; pour l'instant, il s'agit de convenir de cet aspect, disons, par commodité, irréaliste de sa pensée. C'est une critique libertaire que Wolf fait de l'éducation (*Herbe rouge*, p. 131) et de l'ordre (p. 135); c'est la critique par l'utopie technologique que Colin et Chick font de leur société. Ici naturellement s'insère le thème du travail. Il est dans l'*Écume* presque aussi dense que celui de la mort : p. 67-68 (dialogue de Colin et Chloé pendant la traversée de la mine), 103 (évoqué), 124 (dialogue de Colin avec l'antiquitaire), 131 (de Colin avec Mangemanche), 132-136 (évoqué : l'usine de Chick), 136 (dialogue de Chick avec le chef de la production), 142 (de Colin avec l'homme de l'usine de guerre), 147 (de Colin avec Alise), 165 (évoqué, notamment « de ses pauvres mains encore abîmées par le travail ») ... Il a été interprété par D. Grojnowski [1], que suit sur ce point Rybalka [2], dans sa relation avec le mariage. Je cite Rybalka : « Les préparatifs du mariage sont magnifiques, mais *dès que la cérémonie est terminée, tout commence à aller mal et le roman passe brusquement du rose au noir.* Chloé se met à tousser en descendant les marches de l'église et le voyage de noces se déroule dans des conditions lugubres : Colin découvre la maladie de Chloé, se fâche avec son ami Nicolas et voit se dresser devant lui le spectre du travail et de l'exploitation économique. Le mariage l'a précipité dans la vie réelle. L'amour que Colin porte à Chloé l'empêche de *se demander... s'il était bien fait pour le mariage,* mais la suite des événements prouve que la question aurait été fondée ». Et Rybalka ajoute en glose : « Le cas de Colin n'est pas isolé; tous les textes écrits de 1944 à 1952 portent la trace de ce que l'on pourrait imparfaitement appeler la misogynie de Vian ». Or j'espère avoir assez montré que si, en un sens, en effet, le mariage précipite Colin dans la vie de l'angoisse et de la souffrance, le travail ici n'est pas un facteur étiologique mais concomitant à l'ensemble des

1. « L'univers de Boris Vian », *Critique*, 1965, nº 212.
2. *Op. cit.*, p. 141-142; voir aussi les p. 72 sqq. et la p. 121. Les italiques sont de moi.

facteurs sociaux, et que *la mort le précède*, y compris en termes de récit.

> Devinez dit-elle en souriant
> Elle ôta son visage
> C'était la mort

Elle est, elle, concomitante à la structure du monde. Le monde social *surajoute* une variété, d'autant plus absurde, de mort à celle du monde de la nature. C'est notamment par cette articulation de ce qui est de l'ordre de la culture et de ce qui est de l'ordre de la nature que l'*Écume des jours* relève de l'étude mythographique. D'autre part, serait-ce en écarquillant les yeux, je ne vois pas trace de misogynie dans le roman; c'est même à mon sens l'un des « sèmes » qui le différencient des autres. Pour ne reprendre qu'un exemple, l'amitié de Lil et de Folavril à la fin de l'*Herbe rouge* apparaît comme le pendant noir de l'amitié de Chloé et d'Alise : une alliance contre le vir, ce qui n'est absolument pas le cas de la seconde. De même le thème maternel est-il exclu de l'*Écume* sans que cette exclusion atteste en creux la misogynie, puisqu'elle est consécutive à l'exclusion de la classe parentale tout entière en tant que classe *vieille*; la souris à sa façon est de condition féminine; le porteur de négativité, c'est, manifestement, Chick. Dans le même ordre d'idées, placer Colin, comme le fait Rybalka [1], dans la catégorie des « lampistes » et de ceux qui ne sont pas, qui ne sont jamais à la hauteur de la situation, me paraît être un contresens. Colin fait ce qu'il faut faire, en sachant que ce qu'il fait est contraire à sa conviction. Mais que peut-il, - que pouvons-nous, que peut l'homme -, contre la mort?

Il aurait mieux valu d'ailleurs poser un couple amour-travail plutôt que mariage-travail : Alise et Chick sont en « situation irrégulière » et pourtant Alise pour Chick consentirait à travailler (p. 147); dans l'*Écume des jours*, en somme, le travail est la preuve et l'épreuve héroïque de l'amour. Beaucoup plus convaincants sur le sujet sont les commentaires de Noakes : « En dotant son héros d'une assez grande fortune, ... Vian permet à Colin d'exprimer des avis « désintéressés » sur le travail. Que dit-il? D'abord, le travail n'a en soi rien de déshonorant. On admire Nicolas de préparer avec tant de soins

1. *Op. cit.*, p. 76.

les meilleures recettes.. », - la confection du pianocktail a bien dû elle aussi demander à Colin du travail, et beaucoup -, « Mais le travail des ouvriers ordinaires est ignoble et avilissant [1] », et de Pierre Christin, qui élargit l'argument à sa dimension réelle et en quelques phrases heureuses suggère les grandes lignes d'une analyse du genre, avant la lettre, Garaudy : « Ni romancier prolétarien, ni écrivain bourgeois, Vian a en fait correspondu à l'éclosion d'un nouveau type de travailleurs : bureaucrates, techniciens, technocrates même... Les personnages qu'il peint sont précisément ceux qui, dans la France de l'expansion économique et de l'industrialisation planifiée, forment le gros d'une nouvelle masse de travail. Cette main-d'œuvre hautement qualifiée est en fait plus abandonnée, plus déracinée encore dans ses relations avec la machine et la société de la machine que ne l'étaient les générations précédentes [2] ».

Sans surprise, mais non pas sans intérêt, on constate à quel point Boris Vian a été un des Jean-Baptiste de la prédication d'Ivan Illich : « ... la technologie moderne a augmenté la possibilité pour l'homme de confier la « fabrication » des choses aux machines et, par là, le temps dont il pourrait disposer pour « agir » ... Le chômage est la triste oisiveté d'un homme qui, au contraire d'Aristote, croit que fabriquer des choses, ce qu'il appelle travailler, est vertu et que l'oisiveté, par conséquent, est vice ». Et Herbert Gintis, dont je viens de citer la re-traduction originale sur la p. 108 de *De-schooling Society* [3], commente : « Là encore, l'option d'Illich en faveur du loisir est fondamentalement apolitique; il semble penser que le seul obstacle à son adoption est l'inculcation des valeurs marchandes. Les gens travaillent autant et aussi longtemps parce qu'on leur apprend à croire que les fruits de leur activité - les objets de consommation - ont une valeur intrinsèque. Si on élimine les institutions bureaucratiques dont le but est de vendre à tout prix, les individus peuvent découvrir *en eux-mêmes* la fausseté de cette doctrine [4] ». La proximité des vues est flagrante.

Ces choses ayant été dites et bien dites, je ne veux plus

1. *Op. cit.*, p. 65.
2. « Gloire posthume et consommation de masse : Boris Vian dans la société française contemporaine », l'*Esprit créateur* (Summer 1967), 7, nº 2, 135-143.
3. *Une société sans école*, Paris, Seuil, 1971.
4. « Critique de l'illichisme », *Temps modernes*, sept-oct. 1972, p. 525-557. Cf. p. 52.

que signaler la parenté de Vian, toujours dans le refus du travail tel que la Cité l'impose, avec deux écrivains d'importance. Le premier est Kafka. Mais ce refus, à la différence de Kafka, Vian ne le ressent pas comme une faute qu'il faudrait expier, comme une séparation qu'il faudrait combler. Le second, naturellement, est André Breton. *Nadja*, p. 67-68 [1] : « Et qu'on ne me parle pas (...) du travail, je veux dire de la valeur morale du travail. Je suis contraint d'accepter l'idée du travail comme nécessité matérielle, à cet égard je suis on ne peut plus favorable à sa meilleure, à sa plus juste répartition. Que les sinistres obligations de la vie me l'imposent, soit, qu'on me demande d'y croire, de révérer le mien ou celui des autres, jamais. Je préfère, encore une fois, marcher dans la nuit à me croire celui qui marche dans le jour [2]. Rien ne sert d'être vivant, le temps qu'on travaille. L'événement dont chacun est en droit d'attendre la révélation du sens de sa propre vie, cet événement que peut-être je n'ai pas encore trouvé mais sur la voie duquel je me cherche, *n'est pas au prix du travail* ». Et, p. 77-78 : « ... cette fois je me fâche : « Mais non (...) Ces gens ne sauraient être intéressants dans la mesure où ils supportent le travail, avec ou non toutes les autres misères (...) Je plains l'homme d'y être condamné, de ne pouvoir en général s'y soustraire, mais ce n'est pas la dureté de sa peine qui me dispose en sa faveur, c'est et ce ne saurait être que la vigueur de sa protestation. Je sais qu'à un four d'usine, ou devant une de ces machines inexorables qui imposent tout le jour, à quelques secondes d'intervalle, la répétition du même geste, ou partout ailleurs sous les ordres les moins acceptables, ou en cellule, ou devant un peloton d'exécution, on peut encore se sentir libre mais ce n'est pas le martyre qu'on subit qui crée cette liberté. Elle est, je le veux bien, un désenchaînement perpétuel : encore pour que ce désenchaînement soit possible, constamment possible, faut-il que les chaînes ne nous écrasent pas, comme elles font de beaucoup de ceux dont vous parlez », etc [3]. Avec le pianocktail c'était là, de tous mes indices, le plus « matériel ».

1. André Breton, *Nadja*, Folio, Éditions Gallimard. L'italique est de Breton.
2. « Le plus clair de mon temps, dit Colin, je le passe à l'obscurcir », p. 121.
3. Vian, dans sa « Lettre à Parinaud », *Je voudrais pas crever*, *op. cit.*, p. 99 : « Le monde est aux mains d'une théorie de crapules qui veulent faire de nous des travailleurs, et des travailleurs spécialisés, encore; refusons, Parinaud. Sachons tout ».

• *Signe de mort*

On peut par le truchement de Breton commencer à s'interroger sur la « situation », comme on dit, de Vian. Pourquoi n'est-il pas possible de lui assigner purement et simplement l'étiquette surréaliste ? Pourquoi n'est-il pas allé, lui qui aimait les maçonneries, les phalanstères, s'agréger au groupe ressuscité de l'immédiate après-guerre ? C'est que, peut-être, Queneau, ou Prévert, ou d'autres ont pu le mettre en garde contre le tempérament pontifical de son chef ? C'est aussi, peut-être, qu'il était assez intelligent et philosophiquement cultivé pour prendre la mesure de Breton théoricien. Car la grande faiblesse dans la pensée de Breton, c'est que le monde entier y fait signe et qu'on ne sait jamais de quoi. La surréalité, en fin de compte, n'y est pas ce qu'elle devrait être pour qu'on y croie : intrinsèque, structurelle. Elle est fabrication, élaboration par un individu ou par un petit groupe de trucs particuliers. Quelle que fût l'intensité, la sincérité de Breton à l'*inventer*, elle apparaît après coup comme l'attribut sans plus d'une élégance à vivre, d'un dandysme, comme poétisation plus que comme poésie, et on comprend l'espèce de condescendance qu'ont éprouvée pour cet homme pourtant intelligent, d'une certaine façon, et cultivé, certainement, des gaillards d'une tout autre trempe, Georges Bataille ou Antonin Artaud [1].

Avec Vian on est fixé ; certes le monde fait signe, partout, tout le temps, de tous ses objets, de tous ses êtres : il fait *signe de mort*. Des quatre romans évidemment ontologiques de Vian : *L'écume des jours*, *L'automne à Pékin*, *L'arrache-cœur*, *L'herbe rouge*, le premier est le plus évidemment celui de la mort. La mort y est à ce point souveraine qu'elle exerce sur tout ce qui n'est pas elle une réduction au dérisoire. Ceci en

1. L'exécration du Père-Mère chez Artaud le Momo, mais surtout des propositions théoriques comme celle-ci : « Nous voulons faire du théâtre une réalité à laquelle on puisse croire, et qui contienne pour le cœur et les sens cette espèce de morsure concrète que comporte toute sensation vraie. De même que nos rêves agissent sur nous et que la réalité agit sur nos rêves, nous pensons qu'on peut identifier les images de la pensée à un rêve, qui sera efficace dans la mesure où il sera jeté avec la violence qu'il faut. Et le public croira aux rêves du théâtre à condition qu'il les prenne vraiment *pour des rêves et non pour un calque de la réalité;* à condition qu'ils lui permettent de libérer en lui cette liberté magique du songe, qu'il ne peut reconnaître qu'empreinte de terreur et de cruauté », *Le théâtre et son double*, Idées, Paris, Gallimard, 1964, p. 131, font penser que Vian a pu trouver en lui des munitions spirituelles. Le texte cité suggère avec une force troublante une mise en perspective parallèle du projet romanesque (et non pas tant du projet dramatique) chez Vian.

particulier : personne ne peut rien pour personne. Tout l'amour de Colin pour Chloé, cet amour fou, est impuissant à la sauver; Chloé morte, Nicolas, ni la souris, ni personne ne peuvent plus rien pour Colin. Le surréalisme de Breton, encore une fois, est un surréalisme gentil. En le douant d'une ontologie, celle de la présence de la mort au cœur de la vie, celle, si contemporaine, de la fermeture des hommes dans leur sac de peau, Vian révèle des parentés d'une sorte bien différente, à commencer par celle avec Jean-Paul Sartre.

Comparée à cette opposition, celle qui touche au roman est de moindre importance, et d'ailleurs Breton vieillissant a fini par accepter chez ses amis Gracq ou Mandiargues un accomplissement romanesque du surréalisme [1]. Simplement, comme je l'ai marqué déjà, Queneau et Vian romanciers sont par leurs techniques d'écriture dans un au-delà du surréalisme. L'idée du hasard comme artiste, du report sur lui de la fonction démiurgique, l'idée qu'une réunion d'objets hétéroclites fasse sens et constitue une œuvre, ne peut être étrangère à des probabilistes. Pour eux cependant, et quoi que semblent indiquer à première vue les essais combinatoires de Queneau, c'est là un mode de production soit marginal, soit qui implique *à un autre niveau* la réinsertion d'un dessein [2]. L'art, de toute façon, n'est jamais dans le paysage, il est dans l' « œil ».

• *Peintres de l'hallucination vraie*

Il reste, justement, à parler de l'œil. Car l'homme à la tête de pigeon, chacun de nous l'a rencontré : après Grandville, chez Masson, chez Wilfredo Lam, dans les collages de Max Ernst et de Jacques Prévert... Le Christ parleur de l'*Écume*, ce n'est pas seulement celui de Buñuel, c'est celui qui déambule en se tenant les côtes de rire dans le *Grand poème d'Amiens* de Clovis Trouille [3]. Il y a chez Chirico de géantes cheminées d'usine sur fond de ciel vert solide. Les viscères et tubulures

1. Dans *Le surréalisme, même*, 1956, n° 1, p. 69, G. Goldfayn a mentionné l'*Écume* en ces termes : « l'admirable livre ».

2. « Un robot-poète ne nous fait pas peur », Lettre à Parinaud, *op. cit.*

3. Reprod. dans René Passeron, *Histoire de la peinture surréaliste*, Paris, Livre de poche, 1968, p. 189.

sans solution de continuité, Matta nous les a donnés à voir, et aussi Dominguez dont la machine à coudre électro-sexuelle est une « femme modifiée »[1]; et Coutaud les armoires aux végétations, et Dali les montres molles et tous objets retournant à la pâte originelle. Wols, Tanguy (a-t-on remarqué que les minéraux de Tanguy et les pièces d'anatomie de Bellmer amoncellent des formes, très souvent, exactement semblables ?), et de nouveau Dominguez, c'est le foisonnement malin de la matière, et l'œuvre de Ernst dans les années 36 comporte plusieurs « jardins gobe-avions ». Une toile de Magritte reproduit David à ce détail près : Madame Récamier y est remplacée par son cercueil, plié dans la même attitude qu'elle. Je devrais mentionner encore Dorothéa Tanning, Delmotte... Partout, dans la peinture surréaliste, des êtres à l'intérieur d'autres êtres, des métamorphoses qu'on peut ressentir comme des involutions. Si Vian relève du surréalisme, c'est par-dessus tout par cette identité d'une vision. Elle a été relevée dès 1947 par Jean Blanzat dans son compte rendu de l'*Écume des jours* : « Pour cette transposition, Boris Vian s'aide de tout, et en particulier de cette technique de l'éclairage, du découpage, que met à notre disposition le surréalisme plus pictural et visuel ici que littéraire et intellectuel[2] ».

Les rapports de Vian et de la peinture surréaliste se situent en fait à plusieurs niveaux. L'un d'expérience humaine; Vian a connu très bien des dessinateurs : Alain Saint-Ogan, Maurice Henry, Brenot (ni le père de Zig et Puce ni le dessinateur de mode et affichiste n'étant bien entendu des surréalistes)..., des peintres : Labisse, Coutaud... Il a dédié une Cantilène à Brenot (p. 56), une autre à Labisse (p. 63), une autre à Coutaud (p. 61), dont il a commenté l'œuvre[3]. Il a témoigné de son goût pour Ernst et pour Dali. Labisse lui a de son côté consacré une peinture au moins, *Bison ravi*[4].

D'autres, d'affinité esthétique. Il faut dire d'abord que

1. Reprod. couleurs dans *Obsessions et visions*, Paris, Galerie A. Fr. Petit, 1968, nº 20. La peinture date de 1934.

2. *Le Monde français*, juillet 1947; cité par Rybalka, p. 210.

3. *Derrière le miroir*, nº 14-15; Paris, Galerie Maeght, déc. 1948.

4. Reproduite dans Arnaud, *op. cit.*, p. 265; cf. Rybalka, p. 147, n. 3.

l'exercice de la peinture a constitué l'une des vies parallèles de Vian. Arnaud reproduit p. 42 un dessin au compas qui remonte aux années de taupe ou de piston, un dessin de la même époque illustrant un « bourrimé », sans grand intérêt, mais surtout, p. 222, une peinture, les *Hommes de fer* (cf. Rybalka, p. 151, n. 1 ; elle me fait penser à la fois à la *Mort de la terre* de Rosny et à une composition de Pierre Ino, - Pierre Roy ? -, vue au Salon d'Automne ou aux Indépendants dans les années 44), apte à figurer chez Maeght ou chez Cordier ; Arnaud encore signale [1] une période d'activité picturale intense en juin 46, c'est-à-dire entre la rédaction et la publication de l'*Écume*. La mise en question, enfin, de la convention par la mise en question de l'apparence, c'est une des fonctions, nous l'avons vu, de l'écriture ; la parenté, ici, on la trouverait plutôt dans la peinture-gag de Magritte ou de Man Ray, dans le dessin-gag de Maurice Henry. On voit par exemple sur le dessin intitulé *La Compagnie de Jésus* défiler par rangs de trois des Christs portant leur croix sur l'épaule droite : jeu de « littéralité ».

• *L'écrire et le peindre*

Sur le modelage de son imagination visuelle par les peintres, sur la façon dont il a vécu en lui-même le rapport de la peinture et de la littérature, Vian n'a pas à ma connaissance laissé de témoignage précis autre que ce texte qui fait intervenir un troisième terme : « Si je peignais, je voudrais que loin d'aller seulement jusqu'au bout de l'espace de la perspective classique, ce que j'écris fasse ce couloir étranglé où l'on s'engage et qui s'élargit après le goulet, et que l'on vît - si je peignais - le paysage masqué, par ce que j'écris, par l'opacité du bourrelet de l'étranglement ventru. Il faudrait que l'on pût avancer dans un tableau comme dans un livre et c'est ce que devrait permettre le cinéma. S'il a raté quelque chose, c'est ça, pourquoi il ne fouille pas son terrain ? La grande misère du béton armé c'est d'être coffré d'éléments de bois standard et qui n'ont rien apporté. Alors que la folie se coffrerait aussi bien - et le cinéma recrée pour les photographier les plans aux-

1. P. 197.

quels sont habitués nos yeux [1] », et qu'on peut ne pas trouver aisé à déchiffrer. Relever cependant l'équivalence réitérée *si je peignais* ~ *ce que j'écris* et la fermeture du texte sur lui-même : *l'espace, les plans.* Il semble difficile dans ces conditions de poser à propos de Vian un problème qui est présent dans les lettres contemporaines, en particulier chez Bataille. Les différents arts, pour solidaires qu'ils sont, n'avancent pas exactement de front. La peinture s'est éloignée, - s'est, au jugement de beaucoup, *affranchie* -, de la représentation, de la figuration. L'écrivain amateur de peinture éprouve à la regarder une intense nostalgie de cet affranchissement, dont il ne sait comment réaliser l'équivalent avec ce sien matériau, le langage, qui se refuse par sa nature même à ne pas figurer. Ruser avec la langue, l'écrivain ne fait que ça; c'est bien autre chose qu'il lui faudrait accomplir pour relever le défi de le peinture [2]. Je ne suis pas sûr que Vian l'ait jamais ressenti ainsi : la peinture surréaliste est une peinture très figurative, très illustrative (et sa qualité proprement plastique, d'ailleurs, souvent très faible); et la formule « Il faudrait que l'on pût avancer dans un tableau comme dans un livre... » inverse la hiérarchie [3]. L'expression absolue, bien plutôt a-t-elle résidé pour lui dans la musique : il n'est que de relire le chapitre de la vente du pianocktail.

1. Note du 10 février 1953, Arnaud, *op. cit.*, p. 349.

2. S'il ne le fait sur le plan propre du langage, il s'en prend, on le sait assez, à des catégories comme celles du récit ou du personnage.

3. Vian semble ne pas connaître *A l'intérieur de la vue*, d'Éluard et Ernst. Chaque planche est l'agrandissement d'un détail de la planche précédente; mais faux agrandissement, car on y trouve davantage de choses.

Des métamorphoses qu'on peut interpréter comme des involutions... Ce n'est pas nécessairement l'interprétation des surréalistes mais, ici éclate tout de même une certaine surprise, celle que proposent de façon quasi identique Sartre et Vian. A. Koyré disait des mystiques, spirituels et alchimistes du XVIe siècle allemand que pour eux « chaque partie de l'univers reproduit et reflète la structure initiale du tout; il faut donc, dans tous les corps, même inertes, les éléments, les pierres, les métaux, etc., admettre l'existence d'une « âme » invisible qui s'exprime par les corps matériels », et plusieurs des commentateurs de Vian ont suggéré une telle lecture alchimique de son monde des objets.

- *La matière et la mort*

L'image fondamentale de l'*Écume des jours* a beaucoup plus d'affinités pourtant avec les catégories sartriennes. Le végétal pire que l'animal, la matière molle pire que la matière rigide, c'est exactement le monde fantasmatique de *La nausée.* L'image de la plante qui englue les mouches et celle de la matière qui englue les hommes se superposent. On pense de nouveau aux jardins gobe-avions de Ernst. Mais si les formes de l'imagination sont bien surréalistes, le mouvement qui les ramène à la viscosité originelle leur confère une signification différente. Non pas l'âme universelle, mais une espèce de malveillance foncière, quoique inconnue à elle-même; non pas le panthéisme romantique, mais une Nature dont les rampements tirent leur énergie du meurtre indéfiniment perpétré. Vision particulière, complètement et lyriquement pessimiste, de l'entropie, l'univers est en marche vers l'état mou de la matière. A l'origine et à la fin de tout, une innommable pâte, sur un très petit angle du cycle la vie humaine, et aucun moyen d'échapper à la roue. On sait [1] que les fantasmes de Roquentin sont éclairés par des passages des textes théoriques de Sartre : psychologie philosophique de l'*Être et le néant*, réflexion, plus esthétisante, de « L'homme et les choses » (à

1. Voir, dans la présente collection « Profil d'une œuvre », le commentaire de Geneviève Idt à la *Nausée*, en particulier le chapitre « La fascination des choses », et d'autre part Shigeko Izumi, *Le rôle de la sensation dans* La nausée *de Jean-Paul Sartre*, thèse de 3e cycle, Université de Paris VIII, juin 1971.

propos de Ponge; *Situations I*). Le monde des choses dans *La nausée*, objets dépouillés de leur ustensilité ou choses de la nature, c'est celui de l'en-soi, de l'être, - celui d'une contingence dont l'appréhension par la conscience constitue une expérience terrifiante. La métamorphose y est fondamentalement un procès de déshumanisation. Ce qui cependant nous intéresse ici, c'est moins le caractère « biographique » de l'angoisse devant l'être, chez Vian comme chez Sartre, moins même son élaboration philosophique, que la parenté de certaines structures romanesques, et des répons textuels : « Par exemple, un père de famille en promenade verra venir à lui, à travers la rue, un chiffon rouge comme poussé par le vent. Et quand le chiffon sera tout près de lui, il verra que c'est un quartier de viande pourrie, maculé de poussière, qui se traîne en rampant, en sautillant, un bout de chair torturée qui se roule dans les ruisseaux en projetant par spasmes des jets de sang... Et un autre trouvera qu'il y a quelque chose qui le gratte dans la bouche. Et il s'approchera d'une glace, ouvrira la bouche : et sa langue sera devenue un énorme mille-pattes tout vif, qui tricotera des pattes et lui raclera le palais. Il voudra le cracher, mais le mille-pattes, ce sera une partie de lui-même et il faudra qu'il l'arrache avec ses mains [1] »; « Ma tante Bigeois me disait, quand j'étais petit : « Si tu te regardes trop longtemps dans la glace, tu y verras un singe. » J'ai dû me regarder encore plus longtemps : ce que je vois est bien au-dessous du singe, à la lisière du monde végétal, au niveau des polypes... Les yeux surtout, de si près, sont horribles. C'est vitreux, mou, aveugle, bordé de rouge, on dirait des écailles de poisson [2] »; « Si on s'aventure trop loin, on rencontre le cercle de la Végétation. La Végétation a rampé pendant des kilomètres vers les villes. Elle attend. Quand la ville sera morte, la Végétation l'envahira, elle grimpera sur les pierres, elle les enserrera, les fouillera, les fera éclater de ses longues pinces noires; elle aveuglera les trous et laissera pendre partout des pattes vertes [3] »; « ... c'était la pâte même des choses, cette racine était pétrie dans de l'existence. Ou plutôt la racine, les grilles du jardin, le banc, le gazon rare de la pelouse, tout ça s'était évanoui; la diversité des choses, leur individualité n'était qu'une appa-

1. J.-P. Sartre, *La nausée*, Paris, Éditions Gallimard, 1938; dans la collection Folio, à laquelle les références sont faites, 1972, p. 222.
2. 3. *Ibid.*, respectivement p. 32, p. 217-218.

rence, un vernis. Ce vernis avait fondu, il restait des masses monstrueuses et molles, en désordre - nues, d'une effrayante et obscène nudité [1] ». Bien sûr, les valeurs du solide (« ... des minéraux, les moins effrayants des existants », *Nausée*, p. 218), du pâteux et du liquide ne sont pas exactement les mêmes chez les deux écrivains. Mais Vian avait sans aucun doute lu *La nausée*, et il me paraît probable qu'il avait lu aussi *l'Être et le néant* et qu'il y avait appris quel usage philosophique on peut faire de l'écriture des choses. Il y a ainsi des espèces de maturation d'un écrivain au suivant; dans *La nausée*, c'est le regard de Roquentin qui décape et dénude l'existence : « Moi je vois le dessous ! les vernis fondent, les brillantes petites peaux veloutées, les petites peaux de pêche du bon Dieu pètent de partout sous mon regard [2]... »; dans l'*Écume des jours*, l'existence est donnée à la perception commune.

• *Boris Vian et Jean-Paul Sartre*

Une « situation » de Vian par rapport à Sartre et à l'existentialisme apparaît d'emblée comme plus malaisée à établir, comme plus complexe et intimement contradictoire, que par rapport à Breton et au surréalisme. Je ne puis guère pour le moment que repérer quelques grands plans de confrontation.

1. On connaît les rapports personnels de Vian avec Sartre : par sa première femme Michelle, par son appartenance à l'équipe des *Temps modernes*, par son exercice d'un principat à Saint-Germain-des-Prés. Il n'en est pas un des trois qui n'ait tristement tourné, moins à cause d'une volonté délibérée des partenaires que d'une espèce de dégradation qui fait penser aux répliques de Colin, « ce sont les choses qui changent ». Du moins entrevoit-on à travers eux un Sartre, si je puis dire, plus prochain. Ce virage triste, de toute façon, n'a été pris vraiment qu'après la publication de l'*Écume*.

2. Des rapports de récapitulation biographique existent aussi entre Vian et Sartre. Ils ont eu en commun une enfance surprotégée; l'*Herbe rouge*, cette fois, précède en librairie les *Mots*. Le prix du confort bourgeois, pour la personne, c'est d'être séparée du monde et de soi.

Sartre explique brillamment en quoi il n'a pas eu de père. Vian a eu avec le sien une relation d'homme à homme,

1. 2. *Ibid.*, respectivement p. 179-180, p. 175.

pour autant qu'on puisse juger, très confiante, très heureuse. C'est la relation parents-enfants qui pour l'un et l'autre auteur est intrinsèquement mauvaise [1], et d'abord parce que mystificatrice. Mais l'espèce se défend. Les bébés possèdent à la fois une « civilisation » définie comme l'ensemble, dans n'importe quel phylum, des comportements inscrits, et une aptitude à la mutation : les trumeaux de l'*Arrache-cœur*. Et les jeunes gens sans géniteurs de l'*Écume des jours* n'ont pas plus de sur-moi que le jeune Sartre.

D'autre part, malgré un écart de quinze ans, et des modes très différents de formation, il paraît assez que Sartre et Vian ont fait dans certains secteurs au moins de la culture contemporaine des choix analogues. Il y a eu tout un « surréalisme » de Sartre que l'œuvre d'après la guerre nous a fait oublier, que la reconstruction de Simone de Beauvoir dans ses Mémoires, de Sartre lui-même dans les *Mots* a tendu à minorer, et que les critiques d'aujourd'hui sont en train de redécouvrir. Surréalisme dépassé, de façon parallèle mais non pas identique à celle de Queneau puis de Vian, par son intégration à un projet romanesque original, en comparaison duquel les *Chemins de la liberté* ne sont plus qu'une fabrication conforme. Choix analogue encore, le jazz,[2] la musique noire, dont Geneviève Idt a eu raison de mettre en évidence le rôle cathartique et libérateur dans la *Nausée*, et, partie à travers elle, partie à travers le roman américain, l'aliénation spécifique des Noirs aux États-Unis : la *Putain respectueuse* pour l'un et pour l'autre *Les morts ont tous la même peau*.

3. Vian avait certainement une « philosophie »; il n'était certainement pas un philosophe professionnel. Je le dis sans aucune ironie car, contrairement au sentiment de beaucoup de gens, même cultivés, la philosophie est un type d'activité très spécifique, très spécialisé. La tentative la plus ambitieuse de Vian dans le sens d'une philosophie vraie aurait été ce *Traité de civisme* dont il n'a rédigé que des fragments , essai,

1. Il faudrait relire aussi d'ailleurs, sur ce point, les surréalistes : outre Artaud cité tout à l'heure, par exemple les poèmes consacrés en 1933 à Violette Nozières par Breton et par Éluard. « Violette a rêvé de défaire / A défait / L'affreux nœud de serpents des liens du sang ». (Éluard, *Doubles d'ombre*.)

2. *Le Monde* du 28 juillet 1977, entretien de Lucien Malson avec Jean-Paul Sartre, « La musique nous donne... », p. 11, à propos du jazz : « Mais j'avais peu de connaissances en ce secteur. Mes amis Vian en avaient une, bien plus grande que la mienne. J'écoutais des disques, souvent, chez eux. J'aimais le jazz. Oui, je l'aimais et je l'aime encore ».

au fond, non pas traité. Ses systèmes de référence sont d'une part ceux de Sartre, de Merleau-Ponty, à la rigueur de Camus (il a copieusement annoté l'*Homme révolté*) dans la mesure où Camus est étiquetable comme philosophe, d'autre part des logiciens - épistémologues, Korzybski, Lupasco, Reichenbach, d'autre part encore des sociologues du travail et théoriciens de la technique, Mumford, Wiener, Ducrocq, Friedmann, Guérin. Aussi Gaston Bouthoul. Plus bien entendu le Cuvillier des lycées. Sa polémique la plus intime, celle par laquelle il se définit lui-même, on a bien l'impression que c'est avec Sartre qu'il l'a, et que chez d'autres auteurs il ramasse surtout des cailloux. Elle porte, cette polémique, sur trois thèmes : celui, directement sartrien, de l'engagement (et, par son truchement, de l'activité esthétique); celui, plus indirect, du travail (et, par son truchement, du marxisme); celui, par prétérition, de l'épistémologie. Thème de l'engagement et thème du travail sont explicitement présents dans l'*Écume des jours*.

• *Thèmes existentiels*

Dans le moment où Vian écrit, l'œuvre théorique de Sartre a les allures essentiellement d'une psychologie philosophique. Il faut relever quelques-uns des traits par lesquels Vian à mon sens reflète et anamorphose les leçons sartriennes :
- la conception du désir et de l'appropriation (*L'Être et le Néant*, 663 sqq.). Le faire est réductible à l'avoir, le connaître aussi. Je pense surtout ici à cette « exposition » caricaturale de situations sartriennes qu'exécutent à leur façon Chick, par exemple, dans l'*Écume*, ou Jacquemort dans l'*Arrache-cœur*. Chick a été à l'origine un homme de la connaissance, et l'être à affirmer par elle, Jean-Sol Partre; mais avec le temps le connaître comme avoir se réalise par la possession des livres en tant qu'objets et des reliques, et Partre déplace Chick en Chick, est substitué à lui par lui dans le « pur effort pour devenir Dieu » qu'exprime le désir. Et Chick ne sortira plus de sa contradiction du connaître et de l'être (relire les p. 150-152). Jacquemort, c'est le plus pur homme du désir qui soit : *vide*, et qui s'emplit non de ses propres actes mais de ceux d'autrui; le tour de force étant d'avoir fait du même coup, et ceci cette fois n'est plus du tout sartrien, la critique

de la psychanalyse. A l'opposé, le pur amour, pour Colin, consistera à *ne plus toucher* Chloé;
- la conception de la liberté comme assomption de soi par soi. Il y a chez Vian d'autres acceptions. Mais un dialogue comme celui d'Anne et d'Amadis, p. 233-236 de l'*Automne à Pékin*, qui est un des meilleurs d'un livre où les dialogues sont d'une haute qualité, à la fois trahit que Vian a parfaitement compris pourquoi le pédéraste est chez Sartre un personnage exemplaire, et qu'il s'amuse à retourner cette exemplarité comme une baudruche [1] : « ... vous recevez une étiquette. C'est déjà triste. Mais ensuite vous vous efforcez de correspondre à ce qu'il y a sur l'étiquette. De lui faire dire la vérité... Vous êtes aussi limité qu'un bonhomme inscrit à un parti politique ». Ce dernier coup de patte suscite, chez bien des gens de ma génération, la même joie amère;
- la conception des choses comme révélatrices ontologiques. C'est par là que j'ai commencé, la continuité qu'il y a du roman de Sartre [2] à celui de Vian; pas de piste, pourtant, qui ne se divise : Sartre lui-même a indiqué que son imagination des choses doit beaucoup à Nizan [3]. Le titre même alors, l'écume des jours, cette métaphore [4] à allure de citation, dont il est difficile de croire que le lien au roman est aussi agressivement nul que l' « Automne à Pékin » par exemple, le titre alors ne renverrait pas seulement au caractère dérisoire, dans l'univers qui n'en sait rien, de l'existence humaine, de ce qui peut arriver même de plus grave à l'Homme, ou à un homme. Peut-être renverrait-il aussi à une vue double des choses, surface et en-soi. La surface peut être *jolie*, le mot est un des mots préférés du cercle de Colin (où d'ailleurs il exclut *beau*); l'en-soi est le piège gluant de la matière rendue à elle-même, suprêmement indifférente en même temps que meurtrière à l'inlassable vigilance, et dont la mollesse même constitue la plus dangereuse « astuce ». Dans sa plasticité métamorphique, il lui est égal d'être pierre ou végétal ou sanie. La matière et la mort, encore une fois, c'est la même chose.

1. Voir aussi ci-dessous, p. **129**, la notation de Vian sur la préface aux œuvres de Jean Genêt.
2. Relire les pages que Bachelard a consacrées à Roquentin dans *La terre ou les rêveries de la volonté*, Paris, Corti, 1948.
3. « Ils ne savaient pas encore comme c'est lourd et mou le monde... un amas sans queue ni tête de gélatine..., une espèce de méduse avec des organes bien cachés ». *La conspiration*, Paris, Gallimard, rééd. 1968, p. 25; « ... cette puante gélatine de la mort... », *ibid.*, p. 120.
4. P. 32, n. 1.

Tous les commentateurs de Vian signalent son écartement progressif de Sartre et du groupe des *Temps modernes* et des familiers. Tous y voient la conjonction de réserves intellectuelles chez Vian et d'un épisode dans la vie privée des deux hommes [1]. Or il se pose ici un problème de chronologie. Si la lecture que j'ai suggérée de plusieurs pages de l'*Écume* est correcte : exaltation de la cuisine conçue comme critique de la philosophie, moquerie des concepts de choix et d'engagement, rapprochement Bovouard-Bouvard..., alors le non-alignement de Vian sur les positions sartriennes date d'avant l'épisode, - peut-être, les influences qui viennent d'être cernées une fois admises, de toujours. Cette critique [2], encore une fois, n'a pas pris la forme d'un exposé systématique, d'une polémique proprement philosophique : le *Traité de civisme* est resté fragmentaire, inachevé. Mais les attitudes de Vian devant les problèmes de la liberté, de l'esthétique, du travail, du marxisme orthodoxe, de l'épistémologie, sont cohérentes entre elles et cette cohérence exclut la cohérence existentialiste. Il faudrait à nouveau de nombreuses pages pour traiter de ces thèmes avec sérieux et je ne puis que proposer de brèves remarques.

• *L'inconviction*

Vian se fait, semble-t-il, de la liberté une notion cartésienne qu'il est impossible de rattacher le moins du monde à la notion, néo-stoïcienne, des hégéliens et des marxistes de la liberté comme conscience de la nécessité, - cette notion même dont Sartre vraisemblablement est parti et dont il cherche, à travers l' « équivalent » littéraire comme à travers l'analyse phénoménologique, la contrepartie existentielle. Spontanéiste non naïf, Vian assimile implicitement la liberté à une donnée immédiate de la conscience [3], explicitement au désir authentique [4], et peut-être ici d'ailleurs n'est-il pas si loin de Sartre. Ailleurs la liberté se prouve comme la marche, par choix et action; Alise peut jouer sur deux acceptions de *libre*

1. Sur le divorce de Vian, voir Rybalka et Arnaud.
2. Critique « professionnelle » de la philosophie : Arnaud, *op. cit.*, p. 488; critique du professionnalisme philosophique : *ibid.*, p 485-486, et aussi les *agrégés* du *Chasseur français*, *ibid.*, p. 443-444, 457, 463.
3. Cf. texte donné par Noakes, *op. cit.*, p. 26. Voir *ibid.*, p. 16, la n. 4.
4. Par ex., *Arrache-cœur*, p. 29-30.

(« parce qu'il ne veut plus que je vive avec lui », p. 155), elle est mue, dans sa grande scène avec Partre, par sa propre décision. On ne s'étonne donc pas que Vian refuse l'essence [1], qu'il refuse la nécessité historique [2], qu'il refuse la psychanalyse [3].

Qu'il refuse aussi l'engagement. Vian a pris au sérieux l' « absurde »; l'absurde est chez lui, comme chez Céline, une conviction absolue et absolutiste. Or dans le même temps les auteurs de l'absurde font comme si; Malraux (un certain Malraux), Sartre, Camus prennent la table rase pour une belle et bonne table et sur elle reconstruisent leurs châteaux de cartes de valeurs [4]. Vian dans sa vie a pu être gai, sensuel, heureux. Le pianocktail et Chloé ont pu donner à la vie de Colin ce sens provisoire dont nous ressentons en dépit de tout l'exigence. L'un vendu, la seconde morte, que lui reste-t-il qu'à mourir? Son attente du nénuphar, elle-même absurde (« Oui, dit la souris, il attend qu'il remonte pour le tuer. - C'est idiot, dit le chat »), est sa déclaration de guerre individuelle à l'absurde.

Ainsi Vian dans son œuvre ramène-t-il inlassablement au constat de la mort. Et d'un. On a bien le sentiment encore que le Sartre politique a paru aux yeux de Vian incurablement naïf. Il ne s'agit pas tant du marxisme en tant que tel. (J'ai cité Breton sur le travail et sa nécessaire démythification. J'aurais pu citer aussi bien le gendre de Marx, Paul Lafargue, et son *Droit à la paresse*, et ces phrases que la réédition Maspero [5] a placées en épigraphe : « Une étrange folie possède les classes ouvrières des nations où règne la civilisation capitaliste. Cette folie traîne à sa suite des misères individuelles et sociales qui, depuis deux siècles, torturent la triste humanité. Cette folie est l'amour du travail, la passion moribonde du travail, poussée jusqu'à l'épuisement des forces vitales de l'individu et de sa progéniture... »). Il s'agit des partis communistes, à l'époque tous orthodoxes, que Sartre acceptait de voir comme ils se voyaient : puisque avant-garde organisée

1. Arnaud, p. 263.
2. *Ibid.*, p. 473-475.
3. Rybalka, *op. cit.*, p. 125-127.
4. « Seul le Collège de Pataphysique n'entreprend pas de sauver le monde », Arnaud, *op. cit.*, p. 364 et p. 369. *La conspiration*, *op. cit.* : p. 29, relativisation de l'engagement; p. 126, « Toute l'intelligence échoue à découvrir un rapport de signification dans la direction unique de la vie vers la mort ».
5. Introd. de Maurice Dommanget. Paris, 1970. Cf. les formules de Vian, Rybalka, *op. cit.*, p. 80; Arnaud, p. 469-470.

du prolétariat, les porteurs du sens de l'Histoire. La succession de bouderies et de lunes de miel qui caractérisait alors les rapports de Sartre et du P.C. était du type conjugal. Sartre était enfermé et Kanapa était son double.

Marquée, et par les thèmes surréalistes et libertaires, et par le thème technologique, la ligne de vie de Vian ne saurait se conjuguer à celle de Sartre. Si de quelque façon Sartre lui a servi à donner à Breton du sérieux intellectuel, Breton symétriquement lui a servi à écarter ce qu'il y avait de crédule, de contaminé par l'eschatologie du stalinisme, dans l'engagement sartrien. Et de deux. Il faut dire qu'à son tour Vian prête le flanc et davantage à l'attaque car on voit poindre chez lui l'illusion technocratique que la résolution des problèmes politiques est affaire de savants et d'ordinateurs [1].

Sans doute l' « engagé » le plus efficace est-il celui qui réserve sa liberté intérieure. Elle lui permet à tout le moins d'échapper au court terme [2], comme d'échapper « aux agencements frappants qui ne sont pas vôtres [3] ». Elle lui permet, un cran au-dessus, de contester une certaine idée, simpliste en effet, de la responsabilité de l'écrivain (« En face d'un enfant qui meurt, *La nausée* ne fait pas le poids », interview de Sartre par J. Piatier, le *Monde* du 18 avril 1964 [4]) et, opérant un renversement complet, d'en appeler à la responsabilité du lecteur [5]. L'efficacité de la littérature, d'ailleurs, est d'une tout autre nature : celle des géométries non-euclidiennes et des logiques non-aristotéliciennes. Et de trois.

Cette liberté intérieure, c'est elle aussi qui permet d'attribuer au projet romanesque conjoignant l'allégorie et les jeux de langage un réalisme supérieur à celui du récit naturaliste dont Sartre est l'usager. Par l'un et l'autre trait, Vian se situe du côté des grands : Queneau, Genêt, Beckett, Ionesco [6]... Contre Hegel, ou contre une certaine interprétation de Hegel, il semble vouloir montrer qu'un art de la mort n'annonce pas nécessairement la mort de l'art. Il lui est arrivé de moquer avec une férocité joyeuse l'esthétique du

1. Rybalka, p. 80-81; Arnaud, p. 474-475, 483.
2. Rybalka, p. 94, n. 18; Arnaud, même texte, plus longuement cité, p. 475-476.
3. Rybalka, p. 165, Arnaud, p. 488.
4. Voir le commentaire que Sartre en a postérieurement donné, *L'Arc*, 1966, nº 30, p. 96.
5. Arnaud, p. 167.
6. Arnaud, p. 423.

prétendu réalisme. L'écrivain de *Tête de Méduse* [1] se fait délibérément cocufier afin de pouvoir écrire de la souffrance qu'il ressent. Jacques Martin-Alexandre du *Chasseur français* [2], auteur de romans noirs, a si peu d'imagination qu'il lui faut vivre l'expérience du voleur, du faussaire, de l'homme politique; c'est ce qu'il explique à Brique, cependant, dit-il, que « ce qui m'intéresse, c'est mon traité de morale ». Noël Arnaud voit là une allusion transparente au *Traité de civisme.* Il me semble à moi difficile de ne pas y voir une allusion à Sartre (« La préface des œuvres de Genêt par Sartre, c'est une histoire imaginaire de Sartre pédéraste [3] ») et à son serpent de mer personnel, le traité de morale indéfiniment reporté.

On n'aperçoit guère que de son côté Sartre ait jamais assigné à Vian une place dans son panthéon. Sans doute en a-t-il été empêché par son anesthétisme. Il aurait pu reconnaître chez Vian un écrivain du discontinu, quelqu'un chez qui, comme il le souhaitait, « [chaque phrase] refuse de profiter de l'élan acquis par les précédentes, chacune est un recommencement. Chacune est comme une prise de vue sur un geste, sur un objet. A chaque geste nouveau, à chaque objet neuf correspond une phrase nouvelle [4] ». Mais pour Sartre d'une part le risque du style est de « faire perdre le sens »; la formule est évidemment à double... sens; elle reste de toute façon étrange, chez un homme aussi intelligent, par son anti-dialectisme : comme s'il était possible de séparer radicalement la signification des formes par lesquelles elle se réalise. Et d'autre part la littérature elle-même, l'exercice littéraire, lui apparaît, en ce qui le concerne, dans un premier temps comme quelque chose de disqualifié par l'usage qu'en a fait la bourgeoisie, dans un second temps comme une névrose. Or il n'y a pas trace chez Vian d'une mauvaise conscience à écrire. Ni d'une mauvaise conscience à écrire ni d'une mauvaise conscience à écrire bien, et comme on n'a pas encore écrit. Relisant *La nausée*, on se prend à rêver au romancier que Sartre eût pu être si par moralisme il ne s'était condamné au ressassement. Exemples curieusement paral-

1. Arnaud, p. 391.
2. Arnaud, p. 455.
3. *Ibid.*, p. 260. Tous ces textes sont postérieurs à l'*Écume.*
4. *Situations I*, p. 113.

lèles de conservatisme technique que celui de Sartre perpétuant, à travers son avatar américain, l'écriture du naturalisme, et celui de Gracq perpétuant l'écriture du romantisme noir. Au confluent, d'une certaine façon, de l'existentialisme et du surréalisme, Queneau et Vian les ont, dans le domaine romanesque, accomplis l'un et l'autre sur un mode supérieur. Il n'est que de voir l'art avec lequel les « positions » chez eux sont énoncées, alors que chez Sartre et chez Gracq les tirades s'annoncent de loin comme telles.

Vian est mort avant la publication des « Questions de Méthode » dans les *Temps modernes*, de la *Critique de la raison dialectique* en librairie. J'ai signalé à plusieurs reprises sa culture scientifique, épistémologique, logique, très inhabituelle chez un ingénieur. Des témoins extérieurs l'attestent, par exemple son beau-père Arnold Kubler [1], des écrits également, par exemple la Lettre à A. Parinaud publiée dans *Arts* du 10-16 avril 1953 [2], et son goût pour la science-fiction quand elle est le domaine d'expression d'un Wells, d'un Bradbury, d'un Van Vogt. La bombe atomique en 1945 avait été un choc terrifiant, après celui des camps d'extermination, pour la conscience humaniste. Or s'il était clair qu'elle posait bien pour Sartre aussi un problème moral et un problème politique, il ne semblait pas qu'elle lui en posât un d'ordre épistémologique, et Vian n'était pas le seul à s'en étonner. Arnaud reproduit en fac-similé [3] un curieux « Plan de rénovation des *Temps modernes* »; sous le chef « Critique de la formule actuelle », on lit : « trop de philosophie; trop d'économique; *pas assez de technique ou de science;* parle trop de l'homme, ça en devient inhumain ». Le feuillet n'est pas daté, mais on peut, sur la familiarité qu'il implique entre Vian et les *Temps modernes*, le situer comme un peu postérieur à l'*Écume*, et d'autre part antérieur à la dernière « Chronique du Menteur ». Je me rappelle des discussions d'étudiants, de la même époque, dans lesquelles nous reprochions avec simplicité à l'existentialisme de n'être pas une philosophie complète, et à Sartre en particulier l'absence d'une réflexion sur la science. Nous avions, il est vrai, la fortune d'entendre Bachelard chaque semaine rue du Four.

1. Arnaud, *op. cit.*, p. 368.
2. *Cantilènes*, p. 220 sqq.
3. Arnaud, *ibid.*, p. 257; voir aussi Rybalka, p. 94.

En fin de compte, beaucoup de déterminations différentes se sont mises à jouer dans le même sens. On croit percevoir chez Vian, en même temps que des réserves intellectuelles, un amusement agacé à l'égard du côté yau-de-poêle du groupe des *Temps modernes*. Le trait de valence le plus fort entre les deux hommes, l'amour du jazz, ne suffisait pas à maintenir dans la molécule sartrienne un atome doué d'autant d'énergie que l'était Vian. De leurs incompatibilités d'humeur et de doctrine, la plus importante peut-être est celle qui touche à l'agent esthétique, à l'écrivain écrivant : ironie et mauvaise conscience chez Sartre, assomption et humour chez Vian. Il reste que le couple Sartre-Beauvoir, quel que fût son sentiment intime, a eu l'élégance de faire à l'*Écume des jours* à sa sortie en librairie un très bon accueil [1]. De copieuses bonnes feuilles en avaient été données par les *Temps modernes* d'octobre 46.

1. Cf. D. Noakes, *op. cit.*, p. 57, n. 3. Deux Cantilènes datées de 1947 ont pour dédicataires, « Les Mers de Chine » Simone de Beauvoir, et « Les Mouches » Sartre. La première est un des poèmes les plus intéressants de Vian, la seconde est une farce, de nouveau, ambiguë.

EN MAI 1968, BORIS VIVANT

C'est un fait notoire que les jeunes gens d'aujourd'hui se reconnaissent en Boris Vian. On s'est référé à lui pendant la « fête » de mai 68, dans quelques-uns aussi des commentaires postérieurs, et il est tentant d'analyser pourquoi. Je ne suis pas sûr, à dire vrai, que les historiens accordent assez d'importance aux sources littéraires des idéologies. Qu'on me pardonne cette confidence en fait impersonnelle : je suis devenu « républicain », sur mes huit ou neuf ans, à la lecture de *Madame Thérèse* et des *Misérables*, je suis devenu « marxiste », un brin plus tard, à la lecture de l'*Espoir*... Or, pour ne citer que celui-là, l'intéressant petit livre de Richard Gombin, les *Origines du gauchisme* [1], consacre seulement cinq ou six pages (78-80, 91-92, 94, 97) à Dada, au surréalisme et au... lettrisme. C'est à tout le moins rapide, sinon léger. Le nom même de Breton n'y apparaît pas, celui de Vian pas davantage, et le thème de la contestation du travail y est traité sans référence à Lafargue, sans référence au recueil, de Breton encore, *Position politique du surréalisme* [2]. J'imagine cependant que nombre de gauchistes sont imbibés de Vian. L'œuvre *et* l'homme, pour une fois : des indications idéologiques, et l'exemplarité d'une vie.

• *L'apolitisme révolutionnaire*

Vian aura réussi ce joli coup d'être à la fois un pré-post-sartrien et un pré-poststalinien. Indications, disais-je. Il faut les humer dans leur évanescence : « ... fonçaient vers le trou à raclures en chantant l'hymne de Molitor, composé en 1709 par Vaillant-Couturier [3] et qui commence ainsi : *Messieurs et Mesdames / Veuillez évacuer la piste...* » (*Écume*, p. 18). Vian dira deux ans plus tard, dans sa conférence à l'Union Centrale des Arts Décoratifs, *Approche discrète de l'objet* : « Le communisme, c'est très gentil, mais c'est devenu un genre de conformisme nationaliste [4] ». De façon plus argumentée, à plusieurs

1. Paris, Seuil, 1971.
2. Paris, Bélibaste (J.-J. Pauvert), 1970.
3. Roland Dubillard, « Je prends les vessies pour des lanternements qui chantent » *La Maison d'Os*, Paris, Gallimard, 1966, p. 68.
4. Noël Arnaud, *op. cit.*, p. 275-276.

reprises et par divers biais, il contestera la révérence historiciste : « ... le mathématicien s'inquiète peu de l'origine du problème : il lui importe surtout de le résoudre, et les faits prouvent qu'un problème résolu trouve toujours par la suite son application (exemples admirables d'Évariste Galois, des intégrales de Lebesgue, etc.). Aussi ce qui importe n'est pas l'histoire, mais l'état actuel ou ce que nous en savons [1] »... « Quiconque se propose de modifier l'histoire se propose donc de s'y intégrer, se voue donc au malheur. Vouloir entrer dans l'histoire, c'est du masochisme pur [2] »; et il contestera le rôle épiphane du P.C. : « ... l'histoire, c'est les gens qui la font et non pas un « pattern » préétabli dont ils soulèvent les voiles un à un [3] ». Plusieurs de ces biais, on le voit, sont douteux, et leur cohérence entre eux également incertaine. En tout cas, Vian s'affirme ici « synchroniste », et c'est l'attitude qui est une. Sur Sartre, l'*Écume* est, bien sûr, au-delà du canular, plus insistante, et j'ai moi-même suggéré qu'un des traits du philosophe qui ont le plus irrité Vian résidait dans la naïveté de ses rapports, en ce temps-là, avec l'orthodoxie marxiste.

Thèmes critiques encore, celui de la bureaucratie, *Écume* XLIV par exemple, repris avec un rare pouvoir de virulence dans *l'Automne à Pékin :* « - A peu près pour chaque homme vivant, il y a comme ça un homme de bureau, un homme parasite. C'est la justification de l'homme parasite, cette lettre qui règlerait l'affaire de l'homme vivant. Alors, il le fait traîner pour prolonger son existence. L'homme vivant ne le sait pas. - Assez, dit Amadis. Je vous jure que c'est idiot... - Si chaque homme vivant, poursuivit Anne, se levait et cherchait, dans les bureaux, qui est son parasite personnel, et s'il le tuait... - Vous me navrez, dit Amadis... - Alors, dit Anne, tous les bureaux seraient des cercueils, et, dans chaque petit cube de peinture verte ou jaune et de linoléum rayé, il y aurait un squelette de parasite, et on remiserait les gamelles en alpax. Au revoir [4]... »; ou bien, avant Georges Pérec, avant Georges Michel, avant la théorisation,

1. Dans un commentaire sur Comte, Michel Serres écrit à peu près que les progrès de la science sont en train de détruire l'Histoire.

2. Arnaud, p. 474.

3. In M. Rybalka, *op. cit.*, p. 166. Formulation de Sartre analogue à cette dernière dans l'*Arc*, *loc. cit.*, p. 90.

4. B. Vian, *L'automne à Pékin*, Éditions de Minuit, p. 236-237.

chez Goldmann ou chez Lefebvre, de la réification, celui de l'objet fabriqué, - la cuisine de Nicolas, par exemple, et dans le personnage même de Nicolas le côté pédantesquement technocrate. Tous ces thèmes ne cesseront plus de s'entre-croiser : « ... sur une même page / On dénombrait en un clin d'œil / Le suicide d'un archevêque communiste / ... / Le remplacement du gouvernement des Indes / Par un système automatique à transistors / Le contrôle des naissances en Chine au moyen de têtes chercheuses / Et la liberté des changes en Europe [1] ».

Il faut le redire tout net : sous les contradictions dues à l'exercice polémique qu'un esprit très brillant faisait de lui-même, on trouve une attitude une, en effet, et cette attitude est libertaire. Comme un nombre considérable d'anarchistes, Vian s'est installé dans un curieux « apolitisme révolutionnaire [2] ». Idéologie intenable, sans aucun doute, et cependant, du point de vue supérieur d'une anthropologie, fonctionnelle : enzymatique, en quelque sorte. On se rappelle le dialogue prophétique de l'*Espoir* : « En dernière analyse, vous êtes des chrétiens », dit le communiste, et l'anarchiste répond : « Vous, vous êtes devenus des curés [3] », et la position symétrique, par rapport aux communistes, des chrétiens et des anars en tant que mainteneurs de la juste, de la nécessaire revendication de la personne, - la personne, l'*Homme véritable* de Polevoï étant à peu près autant une personne que le saint Maurice de la Légion thébaine ou l'Horace de Corneille [4]. Ce qui fait le propre de Vian, et qui l'accorde d'avance aux positions soixante-huitardes, c'est l'alliance de cet anarchisme de longue tradition, du technologisme, et du privilège, faut-il dire ici aussi ontologique ?, reconnu à la jeunesse. Vian est un des inventeurs, entre autres choses, de notre notion d'environnement. Il a prononcé le 26 octobre 1958 une conférence à l'École des Beaux-Arts, « Architecture et science-fiction », dans laquelle sont esquissés des programmes étonnamment proches de ceux que réalisent les « sculpteurs » et

1. In N. Arnaud, *op. cit.*, p. 535.
2. Le mot a été utilisé à propos de l'anarchisme en Espagne. Cf. J. Georgel, « Pouvoir et contre-pouvoir en Espagne », *Critique*, 1971, nº 288, p. 460-472. Cf. encore, ci-dessus, p. **113**, le jugement porté par M. Gintis sur Illich.
3. P. 203 de la collection Folio, Gallimard, 1972.
4. Dans son rez-de-chaussée du 10 mars 1972, P.-H. Simon cite cette phrase de Mounier : « Le marxisme est un optimisme de l'homme collectif recouvrant un pessimisme radical de la personne ». Prise absolument, elle est injuste.

les « peintres » d'aujourd'hui : « ... œuvres (animées mécaniquement) transformables, polyphoniques et cinétiques [1]... » Quant au thème de la jeunesse, on ne peut que rappeler une fois de plus le pouvoir d'invention de l'homme qu'exerce la littérature : avant même l'affleurement à la conscience commune du refus, légitime, par notre civilisation non pas de la vieillesse mais de l'état de vieux, avant même la découverte collective que la première fonction des vacances est la cure de rajeunissement, avant la coexistence massive d'une mode vestimentaire des jeunes et d'une mode des autres, avant le débat comiquement empêtré des dignitaires sur l'invalidité sociologique et politique de la notion de classe d'âge, Vian avec tranquillité évince les géniteurs du monde de l'*Écume*. Il ne sait pas vraiment encore qu'il est condamné à ne jamais devenir vieux : « ... Je voudrais pas mourir / Sans qu'on ait inventé / Les roses éternelles / La journée de deux heures / La mer à la montagne / La montagne à la mer / La fin de la douleur / Les journaux en couleur / Tous les enfants contents / Et tant de trucs encore / Qui dorment dans le crâne / Des géniaux ingénieurs / Des jardiniers joviaux / Des soucieux socialistes / Des urbains urbanistes / Et des pensifs penseurs [2]... »

• *L'individualisme révolutionnaire*

Présent dans l'esprit des jeunes gens, on peut penser pourtant que Boris l'est davantage encore pour s'être accompli comme chacun rêve aujourd'hui de s'accomplir. La belle, l'ingénieuse application que Noël Arnaud lui a faite du titre de Plutarque, il l'a sans aucune espèce de contestation méritée. En tant que dandy, car il a été cela aussi, il a, avec d'autres bien sûr mais sur un pied de grand aristocrate de la modernité, il a intronisé un ensemble de modes et de goûts solidaires les uns des autres, dont plusieurs en effet datent du romantisme, dont plusieurs autres sont récents [3]. Un certain ton, un certain style. L'humour, dans sa qualité surréaliste. Le goût des vieilles bagnoles, du jazz et du cinéma, du roman policier et de la bande dessinée, de la littérature du non-sens et de la science-fiction. La revendication d'un érotisme libéré qui redécouvre

1. *Les Muses*, p. 86, a propos d'Agam.
2. *Cantilènes*, p. 131.
3. Cf. Pierre Christin, *loc. cit.*, p. 139-142.

dans sa liberté même le fondement d'une pudeur : « Il y avait quelque chose d'éthéré dans le jeu de Johnny Hodges, quelque chose d'inexplicable et de parfaitement sensuel. La sensualité à l'état pur, dégagée du corps [1] ». Le sens de la camaraderie, la fidélité dans l'amitié, la générosité. Sur la table rase de l'absurde, il a lui aussi, somme toute, réinventé des valeurs. Mais chez les grands auteurs de l'absurde, les valeurs restituées gardent toujours dans leur statut comme un souvenir, ou nostalgie, d'avoir été des projections de la transcendance. Chez Vian, elles s'agrègent directement en un style de la vie quotidienne.

Et surtout, surtout, Vian est l'homme d'une immense et multiple production, dans laquelle il s'accomplit si manifestement en tant qu'homme, justement, qu'elle ajoute à l'exemplarité de sa vie. Le cas, l'aptitude, ne sont pas si communs. Il a suffi à Malraux, oui, à plusieurs reprises, de faire un pas pour se trouver, comme si cela tout bonnement allait de soi, mêlé de plain-pied à des événements majeurs. Mais Sartre, du moins tel qu'on le voit, comme c'est mon cas, de loin, donne l'impression d'une espèce d'impuissance à être dans l'Histoire. Il s'est épuisé à y entrer ; l'événement n'a pas voulu de lui. L'Histoire, on l'a vu, n'intéresse pas Vian, mais la plénitude. Cet ingénieur de Centrale a été trompettiste de jazz, chansonnier, interprète de ses chansons. Il a été l'un des meilleurs critiques et historiens du jazz qu'on ait connus, et il a dirigé la réalisation d'enregistrements pour Philips et pour Fontana avant de devenir, à la veille de mourir, directeur artistique chez Barclay. Il a été scénariste, dialoguiste et figurant de cinéma, il a écrit des livrets d'opéras et de ballets. Il a été poète (la partie faible de son œuvre littéraire), traducteur, romancier, nouvelliste, auteur dramatique. Il a même été un peu peintre. Le lieu commun de cette activité foisonnante, de ce labeur incessant, de ce surmenage littéralement tuant, « ... je travaille vite, mais ça me fatigue autant que les autres. - Je ne vois pas le rapport. - Admettez qu'en deux heures je fasse le travail qu'on me donne à faire en huit heures ; je le fais en deux heures, mais au bout des deux heures je suis aussi fatigué que d'autres qui auraient mis huit heures à le faire ; alors je suis obligé de

1. *Écume*, p. 88. Cf. N. Arnaud, *op. cit.*, p. 275-276.

changer de travail; par conséquent je suis obligé pour occuper huit heures par jour de faire quatre métiers [1] », ce lieu commun, aux yeux de la jeune génération, c'est la revendication de la créativité. J'ai parlé plus haut, à propos des affinités libertaires de Vian, d'apolitisme révolutionnaire. Il s'agit maintenant de cette idéologie qui a tant de peine à se définir comme un système, dont mai 68 a révélé cependant la puissance et l'omniprésence, et qu'on pourrait appeler, les termes ayant cessé d'être perçus et conçus comme contradictoires, l'individualisme révolutionnaire. Il s'agit d'une idée neuve du bonheur. Au moins politiquement neuve, car elle a des racines anciennes, elle aussi. L'idée activiste du bonheur, l'idée du bonheur par la création continue dans toutes les directions. « Cette intégration de la dimension subjective à la quête révolutionnaire est tout à fait neuve dans la tradition du mouvement ouvrier, l'anarchisme individualiste mis à part » écrit, à propos du situationnisme, R. Gombin [2], qui reproche aux commentaires d'Henri Lefebvre de rester trop classiquement préoccupés d'objectivité sociale. Qu'on m'autorise cependant à citer deux ou trois phrases, à vrai dire plus récentes, de Lefebvre : « ... L'art passera au service de la quotidienneté pour la métamorphoser, pour la changer réellement et non pour la transfigurer idéalement... La notion d'œuvre même est en train de se transformer sous nos yeux, avec nous. Notre œuvre, ce sera notre vie avec tous les moyens à son service, tous les moyens de la technique, tous les moyens qui sont encore assignés jusqu'à présent à ce qu'on appelle encore l'art [3] ». Elles ne me paraissent pas inadéquates à cela même que Vian a tenté, à la façon dont il a projeté et réalisé sa vie, et qui est tenu aujourd'hui, sensibles que nous sommes à l'authenticité de son expérience, pour un modèle [4]. Entre la mort et la mort, tout de même, le bonheur.

1. Arnaud, p. 519.

2. *Op. cit.*, p. 93.

3. *Au-delà du structuralisme*, Paris, Anthropos, 1971, p. 245-246. Sur une *esthétique de l'inconnu*, voir d'autre part André Reszler, « L'esthétique anarchiste à travers Pierre Kropotkine », *Diogène*, 1972, n° 78, p. 55-66.

4. La mort de Vian, on le sait, a eu l'allure d'une séquence de fiction : l'ironie tragique, le rire des Dieux. J'ai connu trop tard pour faire autre chose qu'en donner la référence le livre d'Henri Baudin, *Boris Vian, La poursuite de la vie totale*, Paris, éd. du Centurion, 1966.

Je voudrais tenter pour conclure de ramasser en faisceau un certain nombre de paramètres descriptifs que l'analyse a isolés, étant une fois encore entendu que le « style » d'un livre est consubstantiel à son projet. Ainsi, on ne peut qu'être frappé dès l'abord par la co-présence, chez Queneau et chez Vian, d'une écriture qui naturalise les procédés de la fonction poétique, tels que Jakobson en rend compte, à l'usage du roman, et d'un niveau philosophique de la signification [1]. Entre la prédication (que les intermittences de la conscience rendent indéfiniment nécessaire) que l'on naît pour mourir, et l'aptitude à la vie et à la joie de vivre que manifestent, pour ne prendre que des facteurs communs, l'humour, l'intérêt passionné pour la science, un usage civilisé de l'érotisme, la contradiction semble entière. Or leur point d'articulation, c'est dans l'œuvre qu'il réside : l'allure vive et légère, les jeux incessants de langage d'un récit désespéré. J'en ai parlé plus haut comme d'une confluence du surréalisme et de l'existentialisme, comme d'un accomplissement du surréalisme dans le domaine, longtemps négligé par lui, du roman, non pas par le recours, comme chez Gracq, à la tradition formelle du romantisme noir, comme chez Michaux [2], à l'intériorité explorée ainsi qu'un paysage, mais par l'injection d'une ontologie, dont l'exigence s'explique assez bien chez deux hommes de haute formation scientifique. C'est par rapport à cette parenté fondamentale entre Queneau et Vian dans l'évolution et dans la logique du genre romanesque que la singularité de l'un et de l'autre peut être saisie. Celle de Vian surtout nous intéresse ici, naturellement.

Sans doute faut-il faire la part des idiosyncrasies. Queneau est si secret, - il prendrait à son compte le larvatus prodeo * de Descartes -, qu'on se demande s'il a jamais adhéré tout à fait à son œuvre, à sa vie. Vian n'avait pas peur de se donner, n'avait pas peur de transparaître, non pas dans ses personnages, dont aucun, pas même Wolf dans l'*Herbe rouge*, n'est vraiment rapprochable de lui, mais dans leurs goûts et dégoûts. Son pessimisme, d'un autre côté, est plus

1. **Proprement philosophique. Car dans tout roman moderne il y a, nolens volens, une « idéologie existentielle ».**
2. **Michaux n'est pas romancier, mais Plume est un personnage.**

radical. Vian est en fait, avec Beckett, de tous nos contemporains le plus près d'un absolutisme tragique. Je ne vois pas de roman de Queneau qui soit aussi délibérément que l'*Écume* un roman de la mort. L'*Automne à Pékin* et l'*Arrache-cœur* sont davantage des allégories de la relation à autrui, l'*Herbe rouge* une allégorie, la plus sartrienne peut-être à sa façon, du destin individuel, la mort cependant y reste ce que cache la surface des choses.

• *L'allégorique et le mythique*

J'ai signalé entre les deux écrivains quelques écarts techniques : la présence chez Vian de séries lexicales, l'intransigeance de la ségrégation entre temps verbaux du dialogue et temps de la narration-description. Broutilles. La seule véritable différence entre eux me semble résider en quelque chose sur quoi il n'est pas facile de statuer, que je formulerai à titre provisoire ainsi : 1. Vian s'installe plus ouvertement que Queneau dans l'allégorie parce que plus ouvertement il s'écarte du « réalisme »; 2. sans qu'on sache bien ce qui est cause ici et ce qui est conséquence, son effort aboutit à la création d'un véritable *bloc romanesque* (qui est au niveau de l'œuvre entier ce que l'image « structurale » argent-santé de Chloé-lumière-dimensions de l'appartement... est au niveau du livre), dont l'arrière-plan est un; 3. à son tour cette cosmopoïétique rend l'œuvre justiciable, de façon très inattendue, d'un mode de lecture mythographique [1]. Ce n'est pas la place d'inventorier les multiples correspondances entre les quatre romans que j'ai cités, qui sont les grands romans de Vian. Tout lecteur attentif les constate. Elles suggèrent un monde complet, même si incomplètement décrit, et qui bien sûr est aussi le nôtre, sans quoi il ne signifierait rien pour nous; ou, si l'on veut, qui nous parle de *notre* insertion dans *notre* monde. A travers l'œuvre, qu'il constitue comme une sphinx *, l'Homme s'interroge ; et en partie se répond, car l'œuvre est aussi une proposition.

L'allégorie peut être définie une relation symbolique en mouvement; le terme explicite renvoie au terme implicite d'un bout à l'autre d'une lecture-déchiffrement. J'ai insisté au fur et à mesure sur les mécanismes qui obligent à lire

1. Sur un contraste, à mon sens trop poussé, entre allégorie et mythe, voir Max Bilen, *Dialectique créatrice et structure de l'œuvre littéraire*, Paris, Vrin, 1971.

l'*Écume* comme telle; insisté notamment d'une part sur l'absence de psychologie des personnages, simples « figures », d'autre part sur le rôle de l'écriture dans le décapage de la perception, la remise en cause des idées reçues et l'effet de distanciation. Le refus de l'historicité immédiate permet le dévoilement de l'ontologie : c'est déjà être très près du mythe.

Il y a cependant ambiguïté du terme. Le mythe antique ou « ethnologique », le mythe religieux est étiologique autant que structural, structural autant qu'étiologique [1]. En ce sens, les « mythes » surréalistes, ou les mythes contemporains que décrit Barthes, sont manchots : infirmes d'une de leurs deux dimensions; ils ne sont en tout cas jamais explicatifs du passé s'ils le sont assez souvent du futur, par l'utopie. Il est clair que le récit dans l'*Écume* n'est pas en lui-même génétique, sinon aussi par quelques indications discrètes, évasives, au conditionnel, sur une société dont il n'est jamais précisé quelle espèce de transitions pourrait la préparer. Le système social qui sécréterait enfin, de nécessité interne, cette civilisation vraie n'est pas, en effet, facile à imaginer. « Ça devrait, bien entendu, venir progressivement... » (*Écume*, p. 68). Dans les intermittences des dieux, dans les intermittences de la mort, il s'agit du moins de « cultiver notre jardin » (a-t-on oublié l'extraordinaire violence de *Candide*? qu'on relise, entre autres, au chapitre III, les paragraphes de la guerre entre les Bulgares et les Avares), – d'élaborer un art de vivre.

Ce n'est pas par cette faible part étiologique que l'*Écume* se prête à un type d'analyse familier aux anthropologues, c'est tout au contraire par sa part structurale. Car le monde de l'*Écume* connaît un clivage entre nature et culture, évidemment, à sa date, sans préméditation. J'ai relevé à plusieurs reprises que la mort, dans le roman, est double : la mort omniprésente de la nature, et la réduction à l'absurde qu'elle opère; la mort sociale, et l'absurde au second degré qu'elle fabrique. Ce n'est pas tout : les odeurs aussi obéissent à cette répartition [2]. Le parfum d'Alise est naturel, et elle meurt de mort sociale, celui de Chloé est fabriqué, et elle meurt de mort naturelle. Chassé-croisé qui devrait enchanter Lévi-Strauss.

La physique singulière de la liquidité dans l'*Écume*,

1. Voir par ex. J.-P. Vernant, « Le mythe hésiodique des races », in *Mythe et pensée chez les Grecs*, *op. cit.*
2. Voir Marcel Detienne, *Les jardins d'Adonis*, *op. cit.*

lumière solaire, sang, matière visqueuse, on la retrouve dans tout le bloc romanesque, avec une moindre insistance peut-être sur le visqueux (une moindre insistance sur la mort). Un seul détail : *Arrache-cœur*, p. 20 : «... du soleil coulait sans bruit sur le rebord de la fenêtre », et p. 23 : « Pas un bruit. Sauf, par moments, le clapotis du soleil au bas des rideaux ». Ceci implique naturellement que le ciel est solide, ce qu'on vérifie en effet à la lecture du « bloc ». On trouve aussi dans les quatre livres une physique qui associe couleurs, sons et odeurs en deux ensembles, l'un positif, l'autre négatif. Il me semble pertinent de noter ici que jamais la couleur des cheveux ni des yeux de Chloé n'est soumise au traitement « surréaliste » (*supra*, p. **78-79**). *Herbe rouge*, p. 88 : « Tout ce qui n'est ni une couleur, ni un parfum, ni une musique, dit-il en comptant sur ses doigts, c'est de l'enfantillage. - Et une femme? protesta Lil. Sa femme? - Une femme, non, par conséquent, dit Wolf, parce que c'est au moins les trois »; j'aurais pu mettre cette citation en note à l'apparition du thème de Chloé. Inversement, dans l'*Écume*, p. 113, le libraire a un regard malodorant. La relation entre cette opposition positivité-négativité et l'opposition nature-culture n'est pas simple et cela aussi ressemble assez à ce qu'on trouve dans les mythes. Sons, couleurs et odeurs ne sont pas tant des attributs que des êtres. Et dans cette physique de Vian, comme dans celle de Baudelaire, on peut mettre en évidence non pas exactement la prééminence, mais l'importance exceptionnelle de l'olfactif. Rybalka note que la voyante de l'*Herbe rouge* est une « reniflante », - « Les odeurs ne mentent jamais », p. 45. Un autre « plan structural » encore est celui que décrit la hiérarchie descendante Homme - Animal - Végétal - Minéral dur - Minéral visqueux. Je ne fais que le rappeler.

• *L'exigence d'unité*

Du même bord de nouveau sont Queneau et Vian lorsqu'il s'agit de résoudre ce problème de logique interne du genre, lentement émergé à la conscience des romanciers au cours du XIXe s., qu'est l'unification de l'écriture. J'ai commencé de l'aborder ci-dessus p. **67-68** par le biais très particulier de la vraisemblance linguistique des dialogues, puis p. **79-80** et **86-87** par le caractère « paradoxal » de la solution adoptée chez Vian, plus nette encore que chez Queneau. Le roman du XIXe siècle, schématiquement, oppose deux masses langagières. L'une, description et narration, est ouvertement assumée par l'auteur qui y conduit, comme un chef sa partition, sa plus belle prose ; les formes phrastiques y sont celles qu'il affectionne. Dans l'autre, les dialogues, la convention est que l'auteur s'efface derrière ses personnages, les enregistre, - place dans leur bouche la parole adéquate à ce qu'il les a donnés pour être. Les indices verbaux de la première masse s'articulent pour l'essentiel sur le passé simple et sur l'imparfait, de la seconde sur le présent. Un tel phénomène de rupture entre une parole de l'écrivain et une parole des personnages, entre une phrase qui peut être longue et profonde et une phrase qui doit être brève, souvent interrompue d'ailleurs, ou inachevée, entre un discours de l'histoire et un discours du je, a été progressivement vécu par les écrivains qui comptent comme une inacceptable atteinte à l'unité de l'œuvre. Dans la recherche des techniques qui puissent faire d'un roman une coulée verbale sans autres disparates que celles qui sont voulues, deux solutions, en gros, ont été expérimentées. L'une consiste à introduire entre les deux couches verbales des strates intermédiaires ; une transition possible, on l'a vu, est celle de la narration au discours indirect libre, de l'indirect libre au monologue intérieur, du monologue au dialogue, ou vice versa, et c'est pour l'essentiel la solution qu'ont adoptée Sartre ou Aragon [1]. L'autre, moins attendue, qu'on voit en œuvre chez Queneau et, de façon plus marquée encore, chez Vian, consiste à adopter les mêmes schèmes phrastiques pour la description-narration et pour les dialogues. Or, dès qu'on y réfléchit, et pour autant que les dialogues ont l'ambition de la vraisemblance linguistique, une telle solution apparaît beaucoup plus accessible aux écrivains qui en leur nom pratiquent la phrase courte, la phrase, pour réitérer la formule de Sartre (*supra* p. **129**), qui ne prend pas appui, qu'aux écrivains qui pratiquent la phrase nombreuse. La détermination langagière est ici contraignante à un degré insoupçonné. Une autre solution

1. Des techniques plus subtiles, plus variées, ont été utilisées par Flaubert dans l'*Éducation sentimentale*, mais techniques, elles aussi, de *passage*.

encore est attestée : le roman par lettres. Mais elle a eu la mauvaise fortune d'être essayée avant que les exigences **1.** de crédibilité des dialogues en tant que séquences réputées orales, et **2.** d'unité fussent successivement ressenties. Qu'en dernière analyse l'unité dépende beaucoup plus de la régularité des types phrastiques que de la répartition des formes verbales fait comprendre mieux la distribution rigoureusement exclusive, chez Vian, du passé simple et du présent. Pour le « naturel » des dialogues, j'invoquais Diderot comme grand ancêtre. Pour la prévalence de la phrase brève à schémas simples et peu nombreux, on pense à Voltaire. *C'est la faute à Voltaire* : ici que mon faisceau se noue. Récit allégorique, court, sans temps morts, personnages réduits au statut de figures de rhétorique, écriture unifiée par le choix de la phrase brève... : mon sentiment est que Colin est à la philosophie de Sartre ce que Candide a été à la philosophie de Leibniz. Il s'agit de nouveau d'une relation croisée : sur le plan de l'ontologie, le pessimisme de Vian est plus radical que celui de Sartre; sur le plan de la quotidienneté empirique, son style de vie est sans aucun doute plus *heureux*.

▶ Œuvres de

	Ouvrages	
	Composition	Publication
Hiver 1942-1943	*Trouble dans les Andains*, roman.	1966 En 10/18 : 1970.
1943-1944	*Vercoquin et le Plancton*, roman. Les *Cent sonnets*.	
1945	*Les fourmis*, nouvelles.	1949 Rééd. : 1960, 1965. En 10/18 : 1970.
	Remanie *Vercoquin*. Première idée de *L'écume des jours*.	1947 Rééd. : 1965, 1968. En Folio : 1973.
1946	*L'écume des jours*, roman.	1947 Rééd. : 1963. En 10/18 : 1963.
	L'automne à Pékin, roman.	1947 Rééd. : 1956, 1964. En 10/18 : 1964.
	Sous le pseudonyme de Vernon Sullivan : *J'irai cracher sur vos tombes*, roman.	1946 De la trad. en anglais américain : 1948. En annexe au *Dossier de l'affaire « J'irais cracher sur vos tombes »*, de Noël Arnaud, 1974, textes de la pièce jouée en 1948 et du scénario du film tourné en 1959.
1947	Premier canevas de l'*Arrache-Cœur*, roman. Autres nouvelles des *Fourmis*.	
	L'Équarissage pour tous, pièce en un acte.	1948 dans les *Cahiers de la Pléiade*. 1950 en librairie. Créée en 1950. En 10/18 : *Théâtre 1*, 1971.
	Sous le pseudonyme de Vernon Sullivan : *Les chiens, le désir et la mort*, nouvelle, *Les morts ont tous la même peau*, roman.	Publiés ensemble sous le titre du roman, 1947 ; mis en vente en 1948. *Petits spectacles*. [Textes pour le cabaret, de 1947 à 1959]. Choix, préface et notices par Noël Arnaud. Paris, 1977.
1948	*L'herbe rouge* écrite entre août 48 et sept. 49, roman.	1950 Rééd. : 1962, 1965. Livre de Poche : 1969.
	Sous le pseudonyme de Vernon Sullivan : *Et on tuera tous les affreux*, roman.	1948 Rééd. : 1960, 1965. En 10/18 : 1970.

Boris Vian

Collaboration journaux et périodiques	Traductions	Publication
Les Amis des arts. *La Rue* (dans le n° 6, du 12 juillet : « Sartre et la merdre »). *Les Temps modernes.* Une « Chronique du Menteur » pour le n° d'août est refusée ; d'autres passent : juin, juillet, octobre. En octobre, fragments de l'*Écume des jours.* *Jazz hot.*	« *Là-bas près de la rivière* », de Richard Wright.	1946, dans M. Duhamel éd., *Les enfants de l'oncle Tom.* Rééd. : 1957. 1974 *(Chroniques du Menteur).* *Cinéma Science-fiction,* choix, préf. et notes de Noël Arnaud, 1978.
Les Temps modernes. « Chroniques du Menteur » en juin et novembre. *Jazz hot. Les Chroniques de jazz* seront éditées par L. Malson en 1967. En 10/18 : 1969.	*Le grand horloger,* de K. Faring. *Écrit sur le vent,* de R. Wilder.	1947.
Pour *Les Temps modernes* de septembre, une « Chronique du Menteur engagé » qui ne paraîtra que dans *Textes et chansons,* 1966 ; en 10/18 : 1969. *Combat* (sur le jazz). *Jazz hot.*	*La dame du lac,* de R. Chandler (en collab. avec Michelle Vian). *Le grand sommeil,* de R. Chandler. « Claire étoile du matin », de R. Wright.	1948, Série noire. 1948, Série noire. *Présence africaine,* 1948, n° 2.

	Ouvrages	
	Composition	Publication
1948		
1949	*Cantilènes en gelée,* poèmes, dont certains remontent à 1946.	1949 En 10/18 : 1970. Éd. fac sim. du mss et des ill. de Christiane Alanore, 1978.
	Plusieurs nouvelles.	*Les lurettes fourrées,* 1962. En Livre de Poche, à la suite de *L'herbe rouge,* 1969.
1950	*Le dernier des métiers,* « saynète pour patronages », écrite pour compléter le spectacle de l'*Équarissage pour tous.*	Jouée par N. Bataille en 1964, publiée en 1965. En 10/18, *Théâtre 1,* 1971.
	Sous le pseudonyme de Vernon Sullivan : *Elles se rendent pas compte,* roman.	1950 Rééd. : 1965. En 10/18 : 1974.
	Manuel de Saint-Germain-des-Prés.	1974.
	Premières notes pour un *Traité de civisme.*	1979, texte établi par G. Laforêt.
1951	Manuscrit et frappe de l'*Arrache-cœur,* roman, datés 25 janvier 1951.	1953 Rééd. : 1962, 1965. Livre de Poche : 1968.
	Le goûter des généraux, pièce en 3 actes.	1962 Rééd. : 1965. En 10/18 : *Théâtre 1,* 1971.
	Tête de Méduse.	En 10/18 : *Théâtre 2,* 1971, textes établis par N. Arnaud.
1952	Adaptation de *Mademoiselle Julie,* de Strindberg.	*Paris-Théâtre,* nov. 1952, n° 66. En librairie, 1957.
	Scénarios et nouvelles.	*Le loup-garou* et 12 autres nouvelles, textes établis par Noël Arnaud, 1970. En 10/18 : 1972.
	Série blême.	En 10/18 : *Théâtre 2,* 1971.
1953	*Je voudrais pas crever,* poèmes.	1962 En 10/18 : repris dans *Cantilènes,* 1970, puis sous ce titre, 1972.
	Adaptation théâtrale de *L'incendie de l'Opéra,* de Georg Kaiser, traduit par Claire Goll.	Jouée en mai 1953.
	Scénarios et nouvelles.	
	Le Chevalier de neige, opéra, musique de Georges Delerue.	1re version : Caen, août 1953 ; 2e version : Nancy, 1957. En 10/18, 1978.

Collaboration journaux et périodiques	Traductions	Publication
	Le jeune homme à la trompette, de D. Baker.	1951. Publié d'abord dans *Jazz hot,* nº 27 à 35.
Jazz News. *Combat.* *Jazz hot.*	*Les femmes s'en balancent,* de P. Cheyney, avec la collaboration de Michelle Vian.	1949, Série noire.
Les trois mêmes.		
Les Temps modernes, oct., avec Michel Pilotin, « Un nouveau genre littéraire : la science-fiction ». *Jazz hot.*	*Le bluffeur,* de J. M. Cain. « *Le labyrinthe* », de Fr. M. Robinson.	1951. *Les Temps modernes,* oct. 1951.
Arts. *Jazz hot.*	*Histoire d'un soldat,* d'O.N. Bradley. Nouvelles : *Les vivisculpteurs* de W.West, *Le Veldt dans la nursery* de R. Bradbury, *Pas bêtes, les gars de Bételgeuse* de W. Tenn, *Si vous étiez un Mokin* de M. Leinster.	1952. Dans *France-Dimanche.*
Arts. *Jazz hot.* *Cahiers du Collège de Pataphysique,* 11 juin.	*Le monde des A,* de A. E. van Vogt. *Tout smouales étaient les borogoves,* de L. Padgett.	1953. En « J'ai lu » : 1972. Mercure de France, 1er juin 1953, repris dans *Univers de la science-fiction,* 1957.

	Ouvrages	
	Composition	Publication
1954		
1955	Scénarios et commentaires de films, sketches pour divers spectacles. *Le chasseur français.*	 En 10/18 : *Théâtre 2*, 1971.
1956		
1957	Commentaire de *La Joconde* d'Henri Gruel et Jean Suyeux. *Les bâtisseurs d'empire*, pièce en trois actes.	*L'âge d'or*, juin 1964, nº 1. Repris dans *Bizarre*, 1966, nº 39-40. *Dossiers du Collège de Pataphysique*, 23 fév. 1959. En volume, au même Collège, 1959. Rééd. : 1959 (à l'occasion de la création au TNP), 1965. En 10/18 : *Théâtre 2*, 1971.
1958	Version française, avec C. G. Bjuström, d'*Erik XIV* de Strindberg. *En avant la zizique... et par ici les gros sous*, essai sur la chanson. Scénarios et livrets, dont celui de *Fiesta*, musique de D. Milhaud.	1958 Rééd. : 1960. 1958 Rééd. : 1966. 1958.
1959	Scénario du film, *J'irai cracher sur vos tombes.*	1974.

Collaboration Journaux et périodiques	Traductions	Publication
Arts. *Jazz hot.*	*L'homme aux bras d'or,* de N. Algren.	*Les Temps modernes,* déc. 54-avril 55. En volume : 1956.
Arts. *Jazz hot.* *Cahiers du Collège de Pataphysique,* 26 mars et 28 décembre.		
Arts, *Jazz hot,* *Cahiers du Collège,* 31 déc.		
Jazz hot.	*Les aventures de A,* de A. E. Van Vogt. *Contes de Grimm* et *Contes d'Andersen,* choix.	1957 *(Les joueurs du A).* En « J'ai lu » 1972. 1957, « Livres-disques » Philips.
Jazz hot. Les *Chroniques de Jazz* ont été éditées par L. Malson, 1967. En 10/18 : 1969. *Le Canard enchaîné.*	*Les trois visages d'Ève,* de C.H. Thigpen et H. M. Checkley.	1958.
Dossiers du Collège de Pataphysique, 25 juin.	*Le client du matin,* de Brendam Behan, en collaboration avec Jacqueline Sundström.	*Les Lettres nouvelles,* extraits, dans les nos des 9 et 23 avril. En librairie : 1959.

▶ Sur Vian : éléments de bibliographie [1]

Dossier nº 12 *du Collège de Pataphysique*, 23 juin 1960, dont la première tentative de bibliographie, celle de François CARADEC.

FREDDY DE VREE, *Blues pour Boris Vian*, Anvers, De Tafelronde, 1961.

Clarté, organe de l'UEC, novembre 1963, nº 51.

(WARREN) DAVID NOAKES, *Boris Vian*, Paris, Éd. universitaires (« Classiques du XXe s. »), 1964. Repris d'une thèse de Ph. D., New York, achevée en 1963, *Vian, témoin d'une époque*.

« Boris Vian et le cinéma », *L'Age d'Or*, juin 1964.

HENRI BAUDIN, *Le comique dans l'œuvre de Vian*, Thèse de 3e cycle, Grenoble, 1965.

FREDDY DE VREE, *Vian, essai*, Paris, Le Terrain Vague, 1965.

GILBERT GANNE, « Un Vian, ça trompe », in *Interviews impubliables*, Paris, Plon, 1965, p. 79-85.

DANIEL GROJNOWSKI, « *L'univers de Boris Vian », *Critique*, 1965, nº 212.

NOEL ARNAUD, « *Les vies parallèles de Boris Vian », *Bizarre*, février 1966, nº 39-40. Réédité en 10/18 en 1970, avec copyright d'Ursula Vian et de N. Arnaud. S'achève sur « Biographie d'une bibliographie suivie d'une nouvelle enjambée dans la bibliographie », qui marquait le dernier état de la connaissance des textes de Vian.

HENRI BAUDIN, *Boris Vian, la poursuite de la vie totale*, Paris, Éd. du Centurion, 1966.

JEAN CLOUZET, *Boris Vian*, Paris, Seghers, Poètes d'aujourd'hui, 1966.

JEAN CLOUZET, « Boris Vian et le jazz », *Cahiers du Jazz*, 3e trim. 1966, nº 14.

MARIE-CHRISTINE LORIOT, « Le langage de Vian », *La nouvelle Critique*, avr. 1966, nº 175, 34-41.

PIERRE CHRISTIN, « *Gloire posthume et consommation de masse : Boris Vian dans la société française contemporaine », *L'Esprit créateur* (Summer 1967), 7, nº 2, p. 135-143.

Jazz Hot, décembre 1967, nº 237.

Magazine littéraire, avril 1968, nº 17.

RÉGIS BAYER, « Mots et jeux de mots chez Prévert, Queneau, Boris Vian, Ionesco. Essai d'étude méthodique », *Studia neophilologica* (Upsal), 1968, 40, p. 317-358.

1. Les titres précédés d'un astérisque sont ceux des travaux utilisés dans la présente étude.

Subsidia Pataphysica du 10 décembre 1968 : ajouts bibliographiques de Michel RYBALKA.

JACQUES DUCHATEAU, *Vian*, Paris, La Table ronde, 1969.

ANNIE LOIS GIBSON, *Vian and the literature of « as if »*, thèse U. Texas à Austin, 1969 (*Dissertation Abstracts*, 1969-70, 30, 5444 A).

MICHEL RYBALKA, **Boris Vian, essai d'interprétation et de documentation*, thèse de Ph. D. publiée aux Lettres modernes, Paris, Minard, 1969. La dernière partie, p. 173-252, est de « Documentation et bibliographie ».

CLAIRE GAUVIN, « Vian », *Tendances*, janvier 1970, p. 97-111.

ELENA FIORIOLI, « Vian, dix ans après », *Culture française* (Bari), 1970, 17, p. 7-13.

Double page du *Monde (des livres)*, 20 novembre 1970.

VITAL GADBOIS, *Le jeu verbal dans « L'Écume des Jours »*, thèse de 3e cycle, U. d'Aix-Marseille, juin 1972.

ENNIO EMILI, *Arthur Adamov e Boris Vian*, Trieste, Éd. Umana, 1972.

HENRI BAUDIN, *Boris Vian humoriste*, Presses universitaires de Grenoble, 1973.

CHRISTINE CAUNT, *Boris Vian : étude sur « l'Écume des Jours »*, mémoire soutenu le 29 mai 1973 à Brighton, U. du Sussex.

PIERRE-GILBERT PESTUREAU, *L'influence anglo-saxonne dans l'œuvre de Boris Vian*, thèse de l'U. de Durban (Natal), 1974.

GÉRARD ROUBICHOU, *« L'Écume des Jours » de Boris Vian*, Paris Hachette, « Lire aujourd'hui », 1974.

NOEL ARNAUD, *Le dossier de l'affaire « J'irai cracher sur vos tombes »*, Paris, Christian Bourgois, 1974.

Magazine littéraire, avril 1974, n° 87.

MICHEL FAURÉ, **Les vies posthumes de Boris Vian*, Paris, 10/18 (Union générale d'Éditions), 1975. Avec une remarquable « Bibliographie critique de la presse de B. V. ».

JACQUES BENS, *Boris Vian*, Paris, Bordas, « Présence littéraire », 1976.

GUY LAFORÊT, *Boris Vian et le « Traité de Civisme »*, thèse de 3e cycle soutenue le 9 juin 1976, U. de Paris VII.

Boris Vian de A à Z, n° spécial (= n° 8-9), dirigé par Noël Arnaud, de la revue *Obliques*, 1976.

Colloque *Boris Vian*, dirigé par Noël Arnaud et Henri Baudin, C. C. I. de Cerisy la Salle, juillet-août 1976, Paris, 10/18 (Union générale d'Éditions), 1977 ; 2 vol.

HERBERT DICKHOFF, *Die Welt des Boris Vian*, Frankfurt am Mein - Bern - Las Vegas, Peter Lang, 1977.

NOEL ARNAUD, D'DÉÉ, URSULA KUBLER, *Images de Boris Vian*, Paris, Pierre Horay, 1978.

GILBERT PESTUREAU, *Boris Vian, les amerlands et les godons*, Paris, 10-18 (Union générale d'Éditions), 1978.

Il faut ajouter à ces références les pré- et postfaces données par JACQUES BENS à l'*Écume des jours*, FRANÇOIS CARADEC à l'*Automne à Pékin*, NOEL ARNAUD aux *Cantilènes en gelée*, toutes dans la collection 10/18.

▶ Glossaire

algorithme : le terme, relatif autrefois à la théorie générale des nombres, désigne surtout aujourd'hui une procédure qui permet de passer d'un état défini d'un système à un autre état défini par un nombre défini, dans un ordre défini, d'étapes.

arbitraire : on sait que, depuis notamment l'effort d'axiomatisation de Saussure, le signe linguistique est analysé en un signifiant (la séquence phonique) et un signifié. La notion d'arbitraire est à l'origine de l'ordre d'une simple constatation négative : elle désigne l'absence de nécessité, de « logique », de la relation entre signifiant et signifié.

Charles Bally : élève et successeur de Saussure; l'un des grands fondateurs de la stylistique des langues.

Bardamu : les usines Ford à Détroit telles que les voit Bardamu, le narrateur du *Voyage au bout de la nuit.*

behavioriste : on a parlé de behaviorisme en littérature, par exemple à propos de Hemingway, quand le romancier, se refusant à jouer son rôle classique de démiurge omniscient et omniprésent (dedans, dehors), - cf. la critique de Mauriac par Sartre dans *Situations*, - laisse le lecteur inférer la psychologie de ses personnages de leur comportement.

Boecklin : un des tableaux les plus célèbres d'Arnold Boecklin (1827-1901) a pour titre l'*Ile des Morts* (cinq versions, la plus connue au Musée de Bâle).

cadavre exquis : « jeu de papier plié qui consiste à faire composer une phrase ou un dessin par plusieurs personnes, sans qu'aucune d'elles puisse tenir compte de la collaboration ou des collaborations précédentes [1] ».

N. Chomsky : voir *grammaire transformationnelle.*

J. Cocteau s'est toujours refusé, même dans la parole, à abréger *cinématographe* en *cinéma.* Une des meilleures chansons de Vian s'intitule, en long également, *Cinématographe.*

Les Copains, dans le roman du même titre de Jules Romains, 1914.

Des Esseintes : héros du *A rebours* de J.-K. Huysmans, livre clé de la littérature symboliste, versant romanesque.

1. Voir G. Durozoi et B. Lecherbonnier, *Le Surréalisme, théories, thèmes, techniques*, Paris, Larousse, 1972, p. 122.

Le Dimanche de la Vie : l'un des plans de signification du roman de Queneau est la métaphysique du temps. Le personnage principal, Valentin Brû, y joue, déguisé, le rôle d'une voyante.

Le Révérend Dodgson : Lewis Carroll.

Don't trust over thirty : « Au-dessus de trente ans, plus confiance ! »

Drôle de jeu, le roman de Roger Vailland, Paris, Corrêa, 1945.

étiologique : qui rend compte des causes. Un mythe est étiologique en ceci que l' « histoire » qu'il narre est explicative de la structure du monde, ou de la condition de l'homme, ou d'un de leurs aspects particuliers.

Fahrenheit 451 (la température à laquelle brûle le papier) : le film de François Truffaut, à partir d'une nouvelle de Ray Bradbury dont la mort de Chick pourrait être une scène.

La faute de l'Abbé Mouret : l'héroïne du roman de Zola s'asphyxie volontairement en accumulant dans sa chambre les fleurs du Paradou. Dans l'*Écume*, bien entendu, la relation est inversée.

Gouffé : Arnaud indique que le *Livre de cuisine* occupa une grande place dans la vie des ménages Vian. De qui Boris le tenait-il? Avait-il fréquenté chez le traiteur Gouffé, rue Saint-Jacques?

grammaire transformationnelle. Il existe une famille de grammaires descriptives dont la plus usitée, à travers ses remaniements successifs, est celle de Noam Chomsky et de son école : grammaires algorithmiques, qui entrent dans une catégorie connue d'outils mathématiques. Dans un premier temps, une *grammaire générative* spécifie, dans une symbolisation analogue à celle des programmes d'ordinateurs, les règles de construction des énoncés simples (ou de base, ou « nodaux ») de la langue. Dans un second temps, une *grammaire transformationnelle* spécifie les règles par lesquelles on obtient les énoncés complexes à partir des énoncés simples. L'ambition d'une grammaire générative et transformationnelle est de décrire le mode de construction de la totalité des énoncés acceptables et d'eux seuls. Son postulat, y compris en matière de stylistique (Ohmann), est que tout énoncé complexe est réductible à un ou plusieurs énoncés simples.

Hellzapoppin : Hell is a poppin, ou Hell is poppins, « L'enfer, c'est le pavot », selon un ami new-yorkais ; selon un Britannique, et plus vraisemblablement, Hell is popping, « L'enfer, c'est un truc qui explose ». Le film de H. C. Potter est très vite devenu pour les habitués des ciné-clubs l'archétype cinématographique du comique de l'absurde. On y voit par exemple un personnage traverser, sur le plateau d'un studio, des décors correspondant à des climats différents, polaire, tropical, etc., et instantanément le personnage en question se trouve vêtu comme il convient, anorak de fourrure ou short colonial (cf. scène de l'hôtel). A un autre moment, Martha Raye donne à Misha Åuer qu'elle vient de coincer dans une cabine un « baiser brûlant », et le bloc de glace qu'elle tient se met à fondre à vue d'œil, et l'eau sort et serpente à l'extérieur. Le gag précis auquel il est fait allusion est le suivant : un livreur apporte une plante verte dans un pot sur le plateau et demande le Mister Jones auquel elle est destinée ; personne ne répondant, il s'en va. Un autre livreur, plus tard dans le film, revient ; la plante a grandi, Mister Jones ne se manifeste toujours pas. A la fin, un camionneur arrive avec une remorque énorme, tout juste assez longue pour un arbre du genre sequoia, et appelle à la cantonade : Mister Jones!, Mister Jones!, dans l'indifférence totale des techniciens.

ingénieur. On sait que Vian l'a été, à des postes qui ne lui ont, semble-t-il, procuré aucune satisfaction professionnelle (cf. p. 113). Chick, Anne, Wolf sont des personnages plutôt négatifs; il est difficile de dire qu'Angel est un personnage assurément positif, il est en tout cas présenté et mû par Vian de sorte à susciter la sympathie.

It's happened to-morrow, « C'est arrivé demain », de la période américaine de René Clair.

Larvatus prodeo : devise de Descartes : « Je m'avance masqué » (plutôt que : « masqué pour Dieu »).

littéralité : en tant que substantif de l'expression *prendre* (ou feindre de) *au pied de la lettre.* Voir la partie A du 2e chapitre.

l'un dans l'autre : de l'idée que « n'importe quel objet est [...] « contenu » dans n'importe quel autre... » à celle que « toute *action*, et aussi tout *personnage*, même placé dans une situation déterminée [peut être décrit / identifié] à partir de tout *objet*, et inversement [1] ». En fait le jeu du l'un dans l'autre a été pratiqué tard par le groupe surréaliste et c'est

1. Durozoi et Lecherbonnier, *op. cit.*, p. 125.

plutôt le cadavre exquis, avec ses multiples variantes, en quoi a pu résider une « leçon ».

Memphis, Missouri, est la ville capitale dans la géographie des romans de William Faulkner. Voir notamment *Sanctuaire*. A Davenport ont eu lieu des festivals de jazz.

Monsù Desiderio – Monsieur Didier, surnom donné par les Napolitains à deux peintres français d'origine lorraine, première moitié du XVIIe. Celui qui nous intéresse ici est François de Nome, qui peignit des villes dévastées, sous des éclairages nocturnes, et des antres énormes où se pratiquent des métallurgies sans vraisemblance. Il a naturellement été revendiqué par les surréalistes et placé par eux dans cette lignée (sans unité plastique) qui va de Bosch aux peintres actuels de l'imaginaire.

Orion le tueur : parodie de mélodrame montée par Yves Robert et qui eut dans la même immédiate après-guerre un succès considérable.

palimpseste : parchemin dont on a gratté le texte premier afin de le ré-employer pour un second. Les techniques modernes, par exemple de photographie en éclairage rasant, ou UV, permettent de lire au moins en partie ces textes effacés.

paradigme et syntagme. Toute unité linguistique présente dans le discours, actualisée par lui, peut être référée pour les besoins de l'analyse à deux axes : celui, factuel, de la séquence elle-même, - de la chaîne, du *syntagme*, - celui, virtuel, du *paradigme*, c'est-à-dire du stock des unités de même classe parmi lesquelles elle a été choisie et dont chacune aurait pu prendre place en ce même point de la chaîne. Il sera question plus bas dans le texte de « sémantique syntagmatique » – la signification d'un mot en tant qu'elle dépend du contexte qui actualise ce dernier, et de « sémantique paradigmatique » – la signification d'un mot telle qu'elle est définie dans les dictionnaires par exemple. *Les nerfs en bobine* est un jeu paradigmatique par la substitution de *bobine* à *pelote ;* des *petits fours sur un plateau hercynien* est un jeu syntagmatique par le télescopage de *des petits fours sur un plateau* et de *plateau hercynien.* J'ai choisi cette terminologie inhabituelle parce que si dans le second cas on a toujours affaire à quelque espèce de métonymie, dans le premier on couvre d'une même étiquette les jeux synonymiques et antonymiques, homonymiques et paronymiques (les deux couples manifestant que nous avons dans la tête pour chaque élément de langage un double paradigme, l'un sémantique et l'autre phonique).

paradoxe des horloges : dans l'intrication du temps et de l'espace qui est celle de la géométrie relativiste, la différence des vitesses relatives entraîne, soit dit grossièrement, une différence des durées. Plus précisément, dans le paradoxe de Langevin, un observateur idéal qui se déplacerait dans le cosmos à une vitesse à peine inférieure à la vitesse limite, celle de la lumière, s'il revenait à son point de départ, la Terre, deux mois plus tard à son horloge à lui, retrouverait une humanité vieillie de plusieurs siècles. C'est le postulat de la *Planète des Singes* (le film, non pas le roman).

paraphasie : réalisation approximative, par un aphasique, d'un élément de la langue; ce peut être un *paronyme*, c'est-à-dire une unité existante, proche phoniquement de l'élément visé *(bateau* et *patin)* - le cas est fréquent dans les lapsus -, ce peut être aussi une forme qui ne fait pas partie du stock de la langue.

Pomiane : gastronome et commentateur culinaire contemporain (1875-1964).

San Michele : l'île qui sert de cimetière à Venise.

Sphinx : au féminin, qui est le genre étymologique, cf. le cycle d'Œdipe.

subjonctif. Il existe dans le système verbal du français une grande opposition entre un mode de l'énonciation pure et simple, du factuel, l'*indicatif*, et l'ensemble des autres modes, qui sont des subjectifs; parmi eux, celui que nous nommons le *subjonctif*. Cette opposition transgresse d'ailleurs le seul système du verbe : c'est elle identiquement qui est en jeu dans par exemple « il y avait *plusieurs* personnes dans la salle » / « il y avait *quelques* personnes... ». Voir dans l'étude les lignes qui suivent.

syntagmatique : voir ci-dessus *paradigme et syntagme.*

taupin : dans l'argot scolaire, élève de mathématiques spéciales, classe de préparation aux grandes écoles d'ingénieurs. Vian est passé par là.

temps biologique : le fait bien connu de la durée moyenne d'une espèce animale ou végétale, par exemple. Lecomte du Noüy insistait sur d'autres phénomènes différentiels comme la vitesse de cicatrisation.

J. R. R. Tolkien : The Hobbit et la trilogie du *Seigneur des anneaux* se déroulent dans une géographie imaginaire dont Tolkien a levé la carte.

Traité du style : Aragon, 1928.

▶ Index

absurde, 40, 109, 112, 127, 135, 136, 154.
A. Adamov, 54, 151.
administration, bureaucratie, 35, 41, 42, 54, 84, 133.
adolescence, 29, 51-52.
Alise, 56, 57, 95, 140.
A. Allais, 17, 54, 64, 106.
allégorie, 17, 22, 40, 55, 60, 66, 88, 97, 128, 139-141, 143.
amour fou, 23, 40, 41, 58, 110, 116.
anarchisme, 17, 19, 24, 30, 53-54, 64, 111, 134, 137.
M. Angenot, 70.
anthropomorphisme, 106-107.
anthroponymes, 7, 24, 33, 57, 58, 59, 60, 72, 76, 92, 109.
antimilitarisme, 31, 40-41, 108-109.
G. Apollinaire, 23, 93.
L. Aragon, 60, 67, 80, 86, 105, 142, 156.
argent, 20, 24, 25, 29-30, 31, 33, 34, 35, 36, 39, 43, 53, 69, 76, 77, 88-89, 112.
N. Arnaud, 7, 20, 26, 99, 102, 103, 109, 117, 118, 119, 126, 127, 128, 129, 130, 132, 133, 134, 135, 136, 137, 145, 150, 151, 153.
L'Arrache-Cœur, 24, 54, 59, 66, 77, 87, 91, 94, 100, 108, 115, 123, 124, 126, 139, 141.
M. Arrivé, 12.
A. Artaud, 115.
autobiographie, 99-100.
L'Automne à Pékin, 7, 20, 24, 31, 39, 57, 59, 63, 64, 76, 87, 91, 94, 100, 108, 115, 125, 133, 139.
M. Aymé, 48, 55, 99, 103.
G. Bachelard, 125, 130.
Ch. Bally, 11, 152.
G. Bataille, 55, 115, 119.
Ch. Baudelaire, 26.
H. Baudin, 137, 150, 151.
R. Bayer, 151.
S. de Beauvoir, 7, 55, 60, 123, 126, 131.
S. Beckett, 128, 139.
Ch. Belmont, 7.
J. Bens, 51, 64, 70, 71, 151.
E. Benveniste, 12, 13, 15, 81.
H. Bergson, 97.
M. Bilen, 139.
Fr. Billetdoux, 54, 96.
J. Blanzat, 117.
A. Boecklin, 45, 152.
G. Bouthoul, 124.
R. Bradbury, 42, 130, 153.
L. Brenot, 117.
A. Breton, 29, 32, 79, 80, 93, 102, 104, 105, 110, 111, 114, 115, 116, 123, 127, 128, 132.
C. Bryen, 74.
L. Buñuel, 88, 108, 116.
A. Camus, 67, 80, 124, 127.
Dr Camuset, 102.
Canard enchaîné, 108-109.
Cantilènes en gelée, 23, 41, 83, 92, 106, 130, 131, 135, 146.
Fr. Caradec, 71, 150, 151.
L. Carroll, 64, 78, 103, 105, 153.
cartésianisme, 126.
causalité, 62 sqq.
L.-F. Céline, 35, 55, 67, 70, 81, 103, 127, 152.
Ch. Chaplin, 35.
chat, 44, 48, 49, 50, 105.
Chick, 51-52, 56, 58, 60, 66, 85, 124, 154.
G. de Chirico, 61, 116.
V. Chklovski, 75.
Chloé, 56, 58, 59, 92, 95, 140, 141.
N. Chomsky, 13, 152, 153.
choses, 89-91, 106, 119-122, 125.
Christianisme, anti-, 21, 25-26, 43-45, 50, 76, 102-103, 107-108.
P. Christin, 118, 135, 150.
cinéma, 19, 88, 118-119 ; burlesque, 20, 89, 101, 154. Voir aussi : découpage.
R. Clair, 43, 154.
clichés, 83.
J. Clouzet, 150.
J. Cocteau, 77, 152.
M. Cohen, 15, 81, 82.
Colin, 7, 20, 29-30, 57-59, 66, 92, 125, 127, 143.

B. Constant, 103.
Tr. Corbière, 64, 102.
couleur, 78-79, 96, 106, 141.
G. Courteline, 54.
L. Coutaud, 117.
Ch. Cros, 64, 102.
cuisine, 20, 21, 34, 52, 57, 60, 76-77, 126.
Dada, 70, 132.
S. Dali, 117.
darwinisme, 49, 63, 91-92.
D'déé, 151.
découpage, 19, 22, 29, 67.
déformation dynamique, 32, 63.
L. Deharme, 106.
P. Delmet, 59.
P. Delvaux, 61.
R. Descartes, 154.
R. Desnos, 61, 73, 85, 88, 105, 106.
M. Detienne, 9, 140.
Fr. De Vree, 150.
dialogue, 67, 80, 84, 85-87, 108, 139, 141-143.
H. Dickhoff, 151.
D. Diderot, 67, 68, 143.
discours indirect libre, 21, 32, 58, 66, 80, 81, 86, 142.
distanciation, 20, 22, 30, 66, 73, 97, 110, 140.
O. Dominguez, 117.
double (thème du), 59, 100, 109-110.
R. Dubillard, 132.
M. Duchamp, 57.
J. Duchâteau, 151.
A. Ducrocq, 124.
G. Dumézil, 12.
G. Durozoi, 152, 154.
écriture, 20, 21, 22, 29, 30, 35, 39, 66-68, 69-97, 103-107, 116, 118-119, 129-130, 138-139, 141-143.
N. Eikhenbaum, 59.
ellipse, 29, 48, 80.
P. Éluard, 78, 79, 88, 93, 119, 123.
E. Emili, 151.
enfance, 55, 122.
engagement, 22, 42, 60, 74, 127, 128.
M. Ernst, 116, 117, 119, 120.
érotisme, 22-23, 25, 31, 41, 135-136, 138.
États-Unis, 19, 123.
existentialisme, 17, 54-55, 59-60, 74, 75, 120-131, 138
Voir aussi : engagement.
Fagus, 102.
famille, 53, 91, 122-123, 135.
W. Faulkner, 19, 103, 155.
M. Fauré, 7, 151.
G. Flaubert, 24, 60, 63, 64, 75, 82, 100, 103-104, 142.
Ch. Fourier, 110, 111.
A. France, 102.
A. François, 73.
A. François (Brunot), 17.
D. François, 96.
G. Friedmann, 124.
V. Gadbois, 151.
G. Ganne, 150.
J. Genêt, 125, 128, 129.
J. Georgel, 134.
A. L. Gibson, 151.
H. Gintis, 113, 134.
J. Giraudoux, 47.
J.-L. Godard, 30.
G. Goldfayn, 116.
L. Goldmann, 134.
R. Gombin, 132, 137.
J. Gouffé, 20, 52, 153.
J. Gracq, 67, 116, 130, 138.
Grandville, 116.
Le Greco, 63.
D. Grojnowski, 111, 150.
D. Guérin, 124.
G. W. Fr. Hegel, 54, 110, 128.
Hellzapoppin, 89, 101, 154.
M. Henry, 117, 118.
L'Herbe rouge, 24, 32, 41, 47, 59, 81, 87, 94, 95, 100, 107, 108, 111, 112, 115, 122, 138, 139, 141.
J.-K. Huysmans, 20, 105, 152.
G. Idt, 120, 123.
I. Illich, 113, 134.
image, 21, 32, 40, 69, 79, 88-95, 118-119, 139.
indifférence, 20, 42, 54-55, 93-94.
E. Ionesco, 54, 64, 89, 128, 151.
Sh. Izumi, 120.
R. Jakobson, 10, 12, 13, 14, 15, 16, 69, 71, 85, 138.
A. Jarry, 21, 54, 59, 60, 102, 103, 105, 110.
jazz, 19, 20, 22, 23, 32-33, 35, 57, 60, 110, 118, 123, 131.

jeu des paradigmes, 73-75, 105, 155.
jeu des syntagmes, 21, 59, 64, 83, 88, 105, 155.
jeunesse, 51-53, 56, 58, 91, 135.
Fr. Kafka, 35, 54, 103, 114.
A. Korzybski, 124.
A. Koyré, 120.
P. Kropotkine, 137.
A. Kubler, 130.
U. Kubler, 151.
F. Labisse, 117.
P. Choderlos de Laclos, 16.
P. Lafargue, 111, 127, 132.
G. Laforêt, 109, 146, 151.
J. Laforgue, 64, 102.
W. Lam, 116.
A. Lattuada, 108.
B. Lecherbonnier, 152, 154.
P. Lecomte du Noüy, 62, 156.
H. Lefebvre, 134, 137.
P. Le Goffic, 107.
G. W. Leibniz, 143.
Cl. Lévi-Strauss, 12, 18, 57, 140.
liberté, 125, 126-127. Voir aussi : engagement.
littéralité, 64, 72-74, 83, 118, 154.
M.-Chr. Loriot, 150.
J. Loustalot, 20, 109, 110.
G. Lukàcs, 18.
St. Lupasco, 124.
Mac-Nab, 54, 109.
P. Mac Orlan, 103.
R. Magritte, 96, 117, 118.
maladie, 26, 31, 32, 33, 34, 91.
St. Mallarmé, 64.
A. Malraux, 127, 134, 136.
B. Mandelbrot, 13, 14.
É. Manet, 63.
Mangemanche, 33, 51, 57.
Man Ray, 118.
mariage, 25-26, 52-53, 91, 108, 111-112.
R. Martin du Gard, 67.
marxisme, 30, 54, 109-111, 113, 124, 126, 132, 133, 134.
A. Masson, 116.
matière, 89-95, 106, 115-117, 120-122, 125, 140-141.
R. Matta, 117.
M. Merleau-Ponty, 124.
H. Michaux, 35, 83, 99, 105, 138.
H. Monnier, 110.
Monsù Desiderio, 28, 155.
A. de Montluc, 88.
Cl. Morhange-Bégué, 14.
mort, 16, 20-21, 23, 25, 31, 32, 35, 40, 42-50, 60, 61, 63, 79, 89-92, 112, 115-116, 125, 137, 139, 140.
E. Mounier, 134.
L. Mumford, 40, 124.
(pensée) mythique, 18, 88, 95, 112, 139, 141.
nature/culture, 40, 57, 58, 95, 112, 140-141.
neige, 31, 32, 79, 91.
néologisation, 30, 72-78.
Nicolas, 20, 51-53, 54, 56-59, 60, 84, 85, 92.
Fr. Nietzsche, 107.
P. Nizan, 59, 125, 127.
W. D. Noakes, 7, 99, 102, 112, 126, 131, 150.
Nouveau Roman, 55, 67.
V. Nozières, 32, 123.
R. Ohmann, 153.
G. Orwell, 40, 109.
A. Parinaud, 114, 116, 130.
Paris, 60.
J. Paris, 64.
R. Passeron, 116.
J. Paulhan, 105.
peinture, 28, 63, 115-119.
G. Pérec, 133.
B. Péret, 106.
P.-G. Pestureau, 151.
G. Philipe, 52.
phrase, 79-80, 86, 129, 141-143.
pianocktail, 20, 35, 57, 93, 105, 114, 119, 127.
J. Piatier, 128.
Pic de la Mirandole, 102.
G. Picon, 110.
piège, 31, 89-92, 120, 125.
A. Pieyre de Mandiargues, 116.
E. Pignon, 63.
Plutarque, 135.
E. de Pomiane, 156.
R. Ponchon, 102.
H. C. Potter, 154.
J. Prévert, 7, 73, 83, 105, 106, 115, 116, 151.
Vl. Propp, 9.
P.-J. Proudhon, 110.
M. Proust, 64, 96, 99.

psychanalyse, 23, 89, 123, 125, 127.
psychologie, 20, 55, 66, 99-100, 120, 140.
R. Queneau, 17, 43, 55, 68, 70, 74, 81, 86, 87, 99, 102, 103, 105, 106, 110, 115, 116, 128, 130, 138, 139, 141, 142, 151, 153.
Fr. Rabelais, 64, 88, 103.
R. Radiguet, 103.
O. Redon, 90, 105.
H. Reichenbach, 124.
relativité, 63, 156.
A. Reszler, 137.
P. Reverdy, 105.
J. Rictus, 102.
M. Riffaterre, 14.
A. Robbe-Grillet, 67, 104, 107.
Y. Robert, 155.
J. Romains, 61, 152.
roman, 55-56, 66-68, 69, 71, 80, 85-87, 100, 115-116, 121, 123, 128-130, 138-143.
J.-H. Rosny, 118.
G. Roubichou, 151.
J.-J. Rousseau, 110.
R. Roussel, 105.
M. Rybalka, 7, 58, 92, 96, 99, 101, 102, 103, 108, 109, 111, 112, 117, 118, 126, 127, 128, 130, 133, 141, 151.
A. Saint-Ogan, 117.
J.-P. Sartre, 7, 55, 67, 86, 100, 116, 120, 121-131, 133, 136, 139, 142, 143, 152.
E. Satie, 106
F. de Saussure, 15, 152.
M. Schwob, 93.
science, 62-63, 120, 128, 130, 133, 138.
« science-fiction », 63-64, 107, 134-135, 153.
R. Searle, 73.
G. Séféris, 92.
séries lexicales, 25, 59, 73, 75-77, 139.
M. Serres, 133.
L. Silburn, 62.
P.-H. Simon, 134.
socialisme utopique, 110-111. — Voir : anarchisme.
société de consommation, 20, 30-31, 76-77, 133-134.
M. Sorrell, 17.
souris, 46-49, 51, 88.
Ch. Soutine, 63.
L. Spitzer, 12, 16.
J. Starobinski, 12, 110.
Steinberg, 60.
L. Sterne, 67.
surdétermination, 17, 41, 49, 92.
surréalisme, 17, 19, 28, 31, 33, 40-41, 64, 70, 78-80, 85, 88, 95, 101-103, 104-111, 114-119, 130, 132, 138, 140, 152, 156.
J. Suyeux, 148.
J. Swift, 67.
J.-Y. Tadié, 17.
Y. Tanguy, 117.
technologisme, 19, 40, 57, 84, 111, 113, 128, 130, 133-134.
P. Teilhard de Chardin, 90.
temporalité, 20, 22, 32, 34, 62-64, 66.
A. Thibaudet, 82.
J. R. R. Tolkien, 55, 156.
Traité de Civisme, 109, 123, 126, 129, 151.
travail, 29-30, 33, 35, 39-40, 41, 44, 52, 57, 58, 109-114, 127, 136-137.
P.-L. Travers, 101.
Cl. Trouille, 116.
Fr. Truffaut, 42, 153.
T. Tzara, 70.
J. Vaché, 110.
R. Vailland, 153.
V. Van Gogh, 63.
A. E. Van Vogt, 130.
J.-P. Vernant, 9, 12, 18, 140.
J. Verne, 28, 39, 85, 106, 107.
M. Vian, 122, 145.
P. Vidal-Naquet, 12, 18.
vieillesse, 23, 51-53, 55, 112, 135.
O. Volta, 106.
Voltaire, 80, 143.
H. G. Wells, 90, 103, 107, 130.
N. Wiener, 124.
M. Wittig, 74.
Wols, 117.
M. Zéraffa, 18.
É. Zola, 34, 153.

Ateliers SEPC à Saint-Amand (Cher), France. III-1991.
Dépôt légal : mars 1991. N° d'éd. 12515. N° d'imp. 692.

IMPRIMÉ EN FRANCE